修験道大結集

巻頭の辞

金峯山修験本宗管長
五條　順教

「紀伊山地の霊場と参詣道」として吉野・大峯、熊野三山、高野山の三つの霊場と、大峯奥駈道・熊野参詣道・高野山町石道という三つの参詣道が平成十六年七月一日を以てユネスコの世界遺産に登録されました。中でも「吉野・大峯、大峯奥駈道」は奈良県・三重県・和歌山県にまたがる長大な地域であり、又日本古来の民族信仰を基盤とする修験道発祥の聖地であるということにおいても特異な存在と言えるでしょう。

修験道は我が国固有の神道に仏教・道教・儒教などが複合的に習合して形成された大らかな宗教であります。そのような信仰形態こそ、日本民族の精神構造が醸成された基底にあるのではないでしょうか。「一切の執着を離れ、一切のこだわりを去る」のが悟りだとするならば、修験道の信仰形態、日本人の精神構造こそ最も菩提に近い心の姿ではないかと思われます。

近時、世界の識者は一神教の原理的信仰形態のあやうさに気付きつつあります。自らの精神文化を堅持しつつ、他の精神文化をも尊重するというところに、世界の民族の真の平和があるとすれば、修験道、乃至は修験道的な精神文化を基盤としている日本仏教の世界平和に対する役割りはまことに大きいと言わねばなりません。世界は否応なくそのような方向を指向しなければ平和を実現することは不可能であります。しかし精神文化というものは一朝一夕に変えられるものではありません。長い年月が必要であるというのは言うまでもないことですが、今回の「吉野・大峯、大峯奥駈道」の世界遺産登録は、正に大きな時代の要請であると思われます。

そのようなところから修験各派に呼びかけて、修験道の開祖役行者御感得の御本尊・三体蔵王権現をお祀りする吉野山蔵王堂宝前において、「世界平和祈りの大護摩供」を奉修していただくことになったのであります。この「修験道大結集《だいけつじゅう》」は修験道発祥以来の画期的な催しでありましたが、修験各派の御賛同のもとに盛大裡に厳修させていただくことができました。茲に衷心より御礼申し上げると共に、謹んで世界の平和をお祈りして巻頭の辞といたします。

世界文化遺産に登録された修験道の聖地

梅原　猛

今年七月の第二十八回世界遺産委員会で、和歌山、奈良、三重の三県にまたがる「紀伊山地の霊場と参詣道《さんけいみち》」の世界遺産登録が決まった。登録されるのは、「吉野・大峯《おおみね》」「高野山」「熊野三山」の三霊場とそれらを結ぶ大峯奥駈道《おくがけみち》、熊野参詣道、高野山町石道《こうやさんちょういしみち》の三つの道である。「道」が登録されるのは甚だ異例のことで、フランス、スペインの「巡礼の道」に続いて今回が二例目であるという。日本で世界文化遺産に登録されたのは十件目であるが、今回登録された霊場と道は、今まで日本で世界文化遺産に登録されたところとはいささか別の意味をもっている。

この三霊場はいずれも修験道と深い関係をもつ。ところが修験道は明治政府の神仏分離、廃仏毀釈の政策によって廃止されたものである。明治維新によって職を失ったのは武士のみではない。全国に何十万といた修験者がすべて職を失った。職を失ったばかりか修験者は、ともに祀《まつ》ってはならない神と仏に仕えるいかがわしい宗教者として世の批判を受けたのである。

極端な神仏分離、廃仏毀釈はしばらくの間の明治政府の政策として終わったが、公的に修験道の名誉が回復されることはなかった。修験道は真言宗の醍醐寺と天台宗の三井寺と聖護院を中心に細々と続けられていたが、今回、修験道と関係の深い三霊場と参詣道が世界文化遺産に登録されたことは、このような明治以来の宗教政策を見直すべきものとして大きな意味をもつ。

私は、鎌倉時代までの日本の宗教の主な潮流は神と仏の習合であったと思う。六世紀半ばに日本に移入された仏教は最初、土着の宗教である神道と対立し、蘇我・物部戦争のような宗教戦争を起こしたが、やがて神と仏の習合を図り、神道と仏教をともに日本人の精神の支えとする思想が興った。このような思想は泰澄の始めた白山信仰に始まり、行基が強く勧めた八幡信仰によって公の思想となり、空海の真言密教によって完成された。

そして最澄の始めた天台宗も円珍・円仁によって密教化し、天台密教は熊野から大峯に入る道を巡礼の道とする本山派、真言密教は吉野から大峯に入る当山派の修験道を生む。とすれば、この三霊場とその巡礼の道はまさに修験道の聖地といわねばならない。それは一木一草にまで神を認める日本の在来の宗教と、世界のいたるところに大日如来の現れをみる真言密教の融合の思想をその根源にもつのである。このような宗教が平安時代の宗教であり、法然や親鸞、栄西や道元、日蓮などによる鎌倉仏教の成立も、神仏習合の思想を土台にしながら、仏教の中の浄土とか禅とか法華の思想をより純粋仏教的に展開したものにすぎないと私は考える。

私は、この神仏習合の思想に日本思想のもっとも深い根底をみるものであるが、明治以来の宗教政策はこの日本精神の根源というものを否定し、それを忘却してきた。この三霊場とその巡礼の道の世界遺産登録がこのような日本思想の根底を見直す機会になればよいと私は思っている。

（梅原猛『戦争と仏教』二〇〇五年五月、文藝春秋社刊より転載）

修験道大結集 目次

修験道が秘める五つの可能性

正木　晃

二十一世紀の宗教

二十一世紀に宗教はどうなるのか。滅び去るのか。再生を遂げるのか。はたまたかろうじて生き残って、天然記念物のような存在になるのか。

今の時点では、なんともわからない。ただ、最近の世界情勢を見ていると、宗教勢力は意気盛んで、宗教が滅び去ってしまう可能性は無いような気もする。というより、一部の宗教勢力は意気盛んすぎて、困ってしまう気配すらある。

その、困ってしまう宗教勢力の最たるものは、いうまでもなく、イスラム原理主義である。もし仮に、二十一世紀にはこの種の宗教しか生き残れないとしたら、世界はまちがいなく、惨憺《さんたん》たる状況になる。

ちなみにいえば、宗教といっても、イスラム教やユダヤ教における宗教というのは、私たちが宗教という言葉から思い浮かべがちなものとは、ずいぶんと隔たっている。ふつう私たちが思い浮かべる宗教は、個人的な救済、あるいは個人の心の救済であって、つまるところ「内面」の問題である。

しかし、イスラム教やユダヤ教における宗教は、個人の問題ではない。たとえば、イスラム教の場合

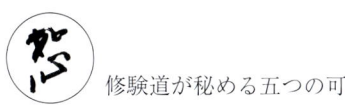

は、ウンマと呼ばれるイスラム共同体のためのもので、個人の救済うんぬんは問題にならない。

イスラム教が宗教と政治を分けない、言い換えれば聖俗一致の体制を金科玉条《きんかぎょくじょう》としているのも、宗教が個人のためではなく、共同体のためにあるということを知れば、それなりに納得がいく。そして、ウンマの構成員にとっては、アッラーなる神から一方的に授けられた規定を忠実に守って暮らすことそのものが、宗教的な行為なのである。

この点は、イスラム教の兄貴分に当たるユダヤ教でも、まったく変わらない。キリスト教も昔はそうだった。しかし、西欧近代においてそういう共同体のための宗教から脱皮して、個人の救済をめざす宗教へと変身を遂げた。だから、今のキリスト教の主流は、私たちが思い浮かべがちな宗教像と、だいたい一致する。

話をもとにもどして、二十一世紀の宗教はどうなるか？　を考えると、少なくとも私個人は、共同体のための宗教はごめんこうむりたい。ましてや原理主義など、金輪際《こんりんざい》いやである。ようするに、ハードな宗教はもう止めにしてもらって、ソフトな宗教に活躍してもらいたい。たとえば、修験道のような宗教に、である。

五つの要件

では、二十一世紀には、どういうかたちの宗教が必要か、もしくは望ましいか。この点に関しては、以下に挙げる五つの要件を満たしたものでないといけない。そうでないと、必要とされないばかりか、衰えるというか、滅びるというか、いずれにしても、ろくなことはないだろうというのが私の見解である。

その五つの要件を、以下に挙げてみよう。

①参加型の宗教
②実践《じっせん》型の宗教
③心と体の宗教
④自然とかかわる宗教
⑤総合的・包括《ほうかつ》的な宗教

参加型の宗教

第一は参加型であること。この点については、「プロの宗教とアマの宗教」という視点を提起したい。

非常に大ざっぱなことを言うと、たとえば真言や天台などの平安時代の宗教は、どちらかといえば、お坊さんが中心なので、プロの宗教だといえる。それに対して鎌倉新仏教は、もちろん指導者はいるが、基本的に庶民大衆が中心の宗教なので、アマの宗教だといえる。

しかし、お互いにこれでまったく良いというわけにはいかない。どちらにも、欠陥がある。プロがプロの宗教に終始して、アマの救済を考慮しなければ、上求菩提下化衆生《じょうぐぼだいげけしゅじょう》の精神に反する。逆に、アマがアマの宗教に終始して、プロの指導を受けられなければ、いつまでたっても低次元のままで、菩提を得られない。

ここで重要な点は、アマとプロの交流である。と同時に、プロはプロらしくしてほしい。アマの方がプロはすごいな！　と思うのは、プロにしかできないことができる、アマがどんなに頑張ってもできないことを、プロの方はやすやすと行うからだ。

かといって、プロが「おまえらできないだろう」と言って、アマをバカにしたのではアマチュアはついてこない。したがって、プロが素晴らしい技能をもちながらも、それを独占したり誇示したりせず、アマと仲良くして、両者のあいだが切れないような関係がもしできれば、とても素晴らしい。逆にそういう宗教でないと、二十一世紀は生き抜けない。この点でいえば、開祖の役行者が在俗だったのだから、もともと修験道は理想に近い。

実践型の宗教

二つ目は実践的であること。理屈ではない。もちろん理屈も必要かもしれないが、理屈だけで終わってはいけない。プロに限らず、アマにも、自分がほんとうに実践しているのだ、という実感が絶対に欠かせない。

別の表現をつかえば、「行の宗教」ということだ。明治維新以来、百三十年間、仏教研究・宗教研究は理屈ばかりやってきた。だから、行を中心にするオウム真理教みたいなものが出てきたときに、まったくといっていいくらい対応できなかったのである。これは日本の宗教研究の最大の欠陥といっていい。

行の研究が多少あったとすれば、禅の研究くらいだろう。西田幾多郎《にしだきたろう》をはじめとする京都学派の方々は実際に禅をし、その体験をドイツのヘーゲル流の哲学に乗せて世界的な名声を博した。しかし、残念ながら、それ以外にはほとんど見当たらない。

禅の体験も素晴らしいと思うが、ある限界がある。というのは、禅の場合は、魔境というかたちで、それはだめだ、これはだめだ、とさまざまな可能性の部分を切ってしまっている可能性があるからだ。しかし、こういう調子でいくと、たぶん大事なものが抜け落ちてしまう。そういう根本欠陥がある。そのあたりの視点が、残念ながら、これまでの行研究に欠けていた。この点でいえば、もともと修験道は理想に近い。

心と体にかかわる宗教

三つ目は心と体の両方にかかわること。これも非常に重要である。たとえば、ＮＨＫでも仏教あるいはキリスト教についての話が教育テレビで放映されているが、あのタイトルは「心の時代」だ。世間一般では、それくらいよく「心の時代」と言いたがる。しかし、この表現は、半分は良いけれども、半分は間違っている。なぜなら、それこそ修験道が見抜いてきたように、心を心で変えるのは大変だ。それこそ頭でっかちになってしまう。

ところが、修行などによって、体を少し変えていけば、心は大きく変わっていく。あるいは、心を変えれば体が変わるし、体が変われば心も変わる。そういう相関関係を正しく認識した宗教でないといけないのである。つまり、「心」「心」「心」と繰り返していても、心はちっとも変わらない。ますます袋

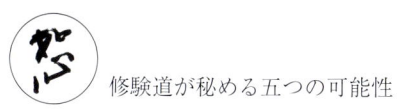

小路に入っていくだけで、頭でっかちになるだけだ。その意味で、心と体の両方がなければいけないというのである。この点でいえば、もともと修験道は理想に近い。

自然とかかわる宗教

四つ目は、昨今では猫も杓子《しゃくし》もというくらい、よく指摘されることだが、自然との関係である。宮崎駿さんの『千と千尋の神隠し』がヨーロッパでもアメリカでもとても高い評価を受けた理由は、自然と人間の関係がいかに悪くなっているかを、とてもわかりやすく訴えることに成功したからだ。この問題は、それくらい切実になっている。自然と人間が共に生きていくにはどうしたら良いのか。これほど環境破壊が進んでしまったなかで、自然との関係を重視しないような宗教はだめに決まっている。

自然との関係を重んじると、うぞうむぞうの要素が混入して、信仰の純粋性や真摯《しんし》さが損なわれはしないか、という意見もある。もっともな理屈である。しかし、これほど環境破壊が進んで自然が壊されていく二十一世紀のなかでは、自然にまなざしを注がなかったら、それは大欠陥になる。いいかえれば、信仰の純粋さや真摯さゆえに、自然とかかわらないというのでは、もはや通用しない。つまり、これからの宗教は、自然との関係もきちんと捉える宗教でなければいけないのだ。この点でいえば、もともと修験道は理想に近い。

総合的・包括的な宗教

五番目は、これからの宗教は総合的で包括的でなければいけないということだ。何か一つをとってこれだけやればいい、念仏だけでいいのだ、題目だけでいいのだという宗教ではやはり困ってしまう。そういうタイプの宗教は、ともすると原理主義の罠に落ちてしまいがちである。したがって、包括的で総合的であることが、今後の宗教に求められる要件の一つだろうと思う。

この問題は、排除する宗教と排除しない宗教という視点から論じることもできる。なにか一つを選び取ったという意味で、キリスト教もイスラム教も基本的に排除する宗教といえる。事実、他の宗派に対しては、おおむね攻撃的だった。自分たちだけが正しい、他は正しくないと排除してしまう。

こういう発想では、地球という限られた環境のなかで多くの生命体が共存共栄していくのは無理だ。やはりお互いを認めていかなければいけない。自分たちと異なる意見をもつやつは悪魔だ、殺してしまえ！　と頭から決めつけるような思想では、二十一世紀は非常に悲惨なことになる。というより、現に悲惨なことになってしまっている。だからこそ、総合的で包括的な宗教が望まれるのである。この点でいえば、もともと修験道は理想に近い。

修験道の課題

以上、五つの要件を検討してみると、どの点においても、もともと修験道は理想に近いことがわかる。ただし、「もともと修験道は」である。では、現在の修験道はどうかというと、五つの要件を完璧に満たしているとは、残念ながら、いいがたい。

しかし、もともと理想に近いのだから、いまのありかたを少し改めるだけで、理想の姿になる可能性が高い。最後に、具体的にどういうことをすれば、修験道がさらに輝くか、それを考えてみたい。

最近、わけのわからない事件が激増している。同級生の首を切ってしまったり、塾の講師が小学生を殺したり、そこまではいかないまでも、不可解な行動をする人が多い。あるいはニートといって、社会的不適応を起こして、仕事につけない若者が何十万といる。

その原因の一つとして指摘されているのが、ゲームである。ゲーム漬けになった脳は、麻薬やアルコールによる中毒と同じ状態になっていて、「脳内汚染」という言葉さえ語られている。

では、ゲーム漬けから解放させるためには、どうしたら良いのか。その対策として誰でも言うのが、自然とのふれあいだ。ゲームを止めて、自然と親しもうというのである。

ところが、自然とのふれあいといっても、言うは易く行うは難し、の典型である。ただ子どもたちや若者を自然のなかに引き出したところで、彼らの心がそう簡単に動くはずもない。「かったるい」とか「つまんない」と言われるのが、オチだろう。

ちゃんと自然とふれあうためには、すぐれた指導者がいて、自然とふれあうことがいかに素晴らしいか、自然とふれあうためにはどうしたら良いのか、みずからの厳しい体験をもとに、手取り足取りして、教え導かなければならない。付け焼き刃では、すぐに正体がばれて、誰もついてこない。この点を考えるとき、修験道のほかに、候補がいるだろうか。

自然とのふれあいといえば、団塊の世代の山登りが盛んである。しかし、そこでも、ただ単に山に登るだけでは、満足できない人が増えている。山を征服する、自分の限界を試すというような、従来型の山登りは行き詰まりつつある。いいかえると、もっと深い精神性を求めて山に登ろうという人が、たくさん出てきているのである。そんな人々を、役行者このかた、一三〇〇年にも及ぶ伝統をもつ修験道をのぞいて、誰が導けるだろうか。

もちろん、奥駈のような厳しい修行は誰にでもできるわけではない。一日体験修行といっても、ある程度の体力と気力は欠かせない。しかし、修験道のノウハウをもちいる断食行なら、誰でも心身を浄化できる。しかも、修験道の聖地で、自然とふれあいながら、断食をおこなえば、その効果はいやますに決まっているではないか。

以上にあげたほかにも、修験道にすぐできることは多々ある。たとえば、採灯護摩をはじめ、加持祈祷は、近代合理主義の影響で、迷信といわれて久しい。ところが、近年では、荘厳な儀礼が人々の心身を深いところから癒すことを、脳生理学が証明しつつある。

ようするに、人間は観念や合理主義だけでは生きられない。少なくとも、幸せは得られない。それこそが、修験道のような、自然も人間も平等にあつかって、神仏という聖なるものの極に案内してくれる宗教がいま求められている、根本的な理由である。

修験道と世界遺産

修験道は二〇〇四年七月の世界遺産登録を機に、根本道場「吉野・大峯」から、日本と世界に向けて、「恕《じょ》」の心を発信した。

常に相手を思いやり、互いの価値観を尊ぶ。すべてを認め、一切を許す――「恕」の心。そこから自然を敬い、神仏を隔てず信仰する精神が生まれ、人類が希求する「共生」「和合」への道すじが立ち現れるのである。

1 異色

「紀伊山地の霊場と参詣道」は、日本では十二番目、世界では二例目の「道」が登録対象となった異色の世界遺産である。

二〇〇四年七月、「紀伊山地の霊場と参詣道」は日本で十二番目の世界遺産として登録された。

修験道の「吉野・大峯」、神道と修験道の「熊野三山」、真言密教の「高野山」の三霊場と、それらの霊場への参詣道、「大峯修行道（大峯奥駈道）」、「熊野参詣道（熊野古道）」、「高野山町石道」がその内容である。

世界遺産は、「文化遺産」と「自然遺産」、そして「複合遺産」（自然、文化の両方の基準を持つ）の三つに分けられる。登録数は二〇〇六年一月現在、世界で八一二件、日本では十三件を数える。

世界で二例目 異例の世界遺産

「紀伊山地の霊場と参詣道」は文化遺産に分類されるが、全世界の文化遺産の中でも特筆すべき大きな特徴がある。

それは、「道」が登録の対象となっていることで、現在、スペインの「サンティアゴ・デ・コンポステーラの道」（一九九三年登録）と「紀伊山地の霊場と参詣道」の二つしか登録されていない。日本のみならず、全世界でも異色の世界遺産なのである。

ユネスコによれば「世界遺産とは、地球の生成と人類の歴史によって生み出され、過去から引き継

がれた貴重なたからもの」であるとされている。

登録に当たっては、文化遺産の場合六つの厳格な基準があり、それを一つ以上クリアしなければならない。

その厳しい基準を満たし、世界遺産として登録された「紀伊山地の霊場と参詣道」は、単なる社寺と道ではなく、自然とその中に生きる人間の営みによって形成された文化的景観であり、文化財の枠組みを超えた深い精神性を含んでいる。その姿は、修験道の修行道として、千三百年の伝統が今も生きる大峯奥駈道にもっとも色濃く見ることができる。

国宝・金峯山寺蔵王堂

蔵王堂が世界遺産に登録されたことを示す標識

大峯奥駈道での修験道修行
（写真：藤田庄市）

大きな関心を呼ぶ修験道

修験道とは、神仏を分け隔てずに信仰する神仏混淆を旨とし、山に伏し、野に伏し、自分の五体を通して、仏の説法に直に触れる参加型、体験型の宗教であり、一般には山伏の宗教として知られている。

始まりは、七世紀後半。開祖役行者は、吉野から熊野にかけた山中で修行され、世界遺産となった「吉野・大峯」の地を修験道の根本道場に定めるとともに、山伏修行の大本となる「大峯奥駈道」を開かれたのである。

金峯山寺の名にある「金峯山」

とは、吉野山から山上ケ岳に至る一帯を指し、「大峯山」とは金峯山から熊野に至る山々の総称である。「吉野・大峯」、「大峯奥駈道」は、神仏の宿る聖地として日本独自の宗教文化を最も色濃く今日に伝える貴重な文化遺産であり、この地を抜きにして日本の文化、宗教の歴史を語ることはできない。

また、自然を敬い、多神教的世界観を伝える修験道の精神は、環境破壊と宗教対立に満ちた今日の世界に向けて、共生や和合の姿を示す数多くのキーワードが秘められているとして、大きな関心を呼んでいるのである。

尾根道を行く奥駈行者（写真：藤田庄市）

2 軌跡

世界遺産「紀伊山地の霊場と参詣道」は、どのようにして誕生したか。

金峯山寺が、吉野を世界遺産にしようと活動を始めたのは、一九九九年末のことだった。

二つのルート

二〇〇〇年五月に営まれる予定であった、修験道の開祖役行者の千三百年遠忌法要の行事準備を進める傍で、金峯山寺の五條順教管長や田中利典執行長は、「これから修験道をどう展開すればいいか」を思索し、世界遺産登録という発想に至ったのであった。

一方、同じ頃に金峯山寺の動きとはまったく違うところで世界遺産登録をめざす動きが、偶然にも始まっていた。

一九九九年五月、和歌山・三重・奈良の三県で構成する紀伊半島知事会議の席上、和歌山県から「熊野古道の世界遺産登録」を目指しているという話題提供がなされた。この時点では、和歌山県単独で取り組んでいることで、会議の話題の一つとして出てきたものにすぎなかった。

合流から加速へ

この和歌山県と、金峯山寺・吉野町という二つのルートで、期せずして世界遺産登録に向けての取り組みが開始されていたわけである。翌二〇〇〇年、二つの流れは合流することになる。

金峯山寺が、吉野町や奈良県の地域政策担当者および教育委員会へのアプローチを重ねる中で、これまで和歌山県が進めてきた熊野古道の世界遺産登録に向けた取り組みに大峯奥駈道を含め、「紀伊半島地域で世界遺産登録を目指していく活動とする」方向で協議が発展し、二つの活動が合流されることになった。

これを受け、登録に向けた動きが一気に加速し、文化庁と具体的な接触が進められていった。

暫定リスト入り決定

そして九月二十二日、文化庁は文化財保護審議会に対し、和歌山・三重・奈良の三県にまたがる「紀伊山地の霊場と参詣道」を世界遺産暫定リストに登録するための調査・審議を依頼。

これを受けて二十七日には世界遺産条約特別委員会が設置されて調査・審議に入った。

十一月十七日、同委員会の報告を受けた文化財保護審議会は、「紀伊山地の霊場と参詣道」の世界遺産暫定リストへの追加を決定したのである。

暫定リストとは、五〜十年以内に世界遺産登録を推薦する予定のリストのことで、ここに登録されたということは登録実現へ向けて、大きく前進したことを意味する。

三県協議会設置が決まる

この機を逃さず三県は十一月二十日、「世界遺産登録推進三県知事会議」を開催した。

会議では、三県が連携して一日も早い世界遺産登録に向けての協力体制を作り、課題の解決にあたることを確認し、そのための機関として「世界遺産登録推進三県協議会」を設置することが決められた。

この時点で、「紀伊山地の霊場と参詣道」の世界遺産入りは、大きな流れとなり、登録決定のゴールをめざして勢いよく流れ始めた

第一回の世界遺産登録推進協議会に際して金峯山寺蔵王堂を訪れた三県の県知事一行と、案内する五條管長

のである。

大きく ふくらむ期待

五條管長をはじめとする金峯山寺関係者は、目に見えて大きく動き始めた事態を前に、登録決定への期待を大きくふくらませていったのである。

その後の事務的な手続きを経て、二〇〇一年四月六日、ユネスコ世界遺産センターにおいて「紀伊山地の霊場と参詣道」は、正式に世界遺産暫定リストに追加登載された。

これにより、世界遺産登録の実現をめざす活動は、ひとつの、大きなハードルを越えることとなった。

第一回会議が 吉野山で

そして五月九日、三県知事会議で合意された「世界遺産登録推進三県協議会」の記念すべき第一回会議が吉野山で開催された。

この日の会議を境に、世界遺産登録推進の活動は公的活動としての位置づけを確保したことになった。

それはこの日以降の関心が「いつの時点で実現するのか」の一点に絞られたことでもあった。

そのための残されたスケジュールはユネスコへの登録推薦と、登録の決定のみであった。

金峯山寺、聖護院、醍醐寺の修験三本山でも合同して世界遺産登録推進の取り組みを行う。写真は和歌山県木村良樹知事に陳情する田中執行長（中央）や聖護院の宮城総長（左から二人目）

金峯山寺の蓮華入峯の下山時に、奈良・和歌山・三重の三県知事と懇談

全山一体となってPR

金峯山寺では、幟を作り、辻説法を行い、機会があればどこにでも出かけて熱心なPRを続けるなど、一山をあげて登録に向けてのさまざまな活動を展開していった。

この頃には、はじめ世界遺産登録に消極的だったり、冷ややかだった人たちに変化が現れ、一日も早い登録実現を期待する声が出るほどになった。

登録推進活動の雰囲気は、熱気を帯びた大きな盛り上がりを見せるように変わっていた。

南和広域連合の登録推進幟

研修会など、あらゆる機会に説明を続けた

街頭に出て山伏姿で辻説法しながら、人々にアピール（東京駅八重洲口）

記念企画の策定を開始

二〇〇三年一月、文化庁は「紀伊山地の霊場と参詣道」の世界遺産への推薦を決定。実現が秒読み段階となった。

さらに、この年の八月には翌年七月までに登録が実現する見通しとなった。

金峯山寺はこうした流れを受けて、登録決定後の世界遺産登録記念奉賛行事の策定を開始。

当山開創以来はじめてとなる一年間の秘仏本尊特別ご開帳を決断し、修験道大結集や世界遺産特別展覧会の企画などを押し進めていったのである。

登録決定に歓喜渦巻く

二〇〇四年七月一日、金峯山寺をはじめ、多くの関係者が待ちかまえる吉野山に登録決定の知らせが届けられた。

金峯山寺蔵王堂前の広場では、知らせを今か今かと待ちかまえる人々が決定の報に思わず「ばんざーい！」の声を上げた。

蔵王堂下の金峯山寺寺務所では、田中執行長以下、職員が喜びを爆発させる「ばんざーい！」の声が建物を揺るがせた。

あちこちからわきあがる喜びの声が吉野山全山に、何重にもこだましたのであった。

喜びの「ばんざーい！」の声が金峯山寺寺務所にこだました

この夜、蔵王堂など晴れて世界遺産となった「紀伊山地の霊場と参詣道」の各所から喜びに沸くそれぞれの表情をＮＨＫテレビが全国に放映した。

蔵王堂前の境内に詰めかけた人々も、喜びの「ばんざーい！」

金峯山寺では五條順教管長の導師で本堂・蔵王堂でご本尊への奉告法要が営まれた。

また、吉野山の地元住民ら約五百名が集まった蔵王堂境内では鏡

世界遺産登録決定を御本尊に奉告する五條管長

割りなどの祝賀行事が行われ、「生まれたばかりの世界遺産」の喜びに酔いしれたのであった。

蔵王堂前で行われたお祝いの鏡割り

3

慶祝

日本を熱くした修験道の聖地発・世界遺産登録記念行事のかずかず。

日本最大秘仏特別ご開帳

一年間の秘仏ご開帳

金峯山寺が企画した世界遺産登録記念の最大の奉賛行事は、二〇〇四年七月一日から二〇〇五年六月三十日まで一年間にわたって行われた、蔵王堂の秘仏本尊・金剛蔵王権現像（重文）の特別ご開帳である。

秘仏・金剛蔵王権現像は、天正二十年（一五九二）の蔵王堂再建以来、蔵王堂（国宝）のご本尊として四百数十年にわたり鎮座されている日本最大の秘仏である。

これまで、四年一会の密教儀式「伝法潅頂会」以外に、人々の目に触れる機会はほとんどなく、一年の長きにわたってご開帳されたのは、造立開眼以来、初めてのことである。

大地を高く蹴り上げ、逆立ち乱れる頭髪。口の両端から刃のように突き出す牙――忿怒相と呼ばれる異相の秘仏は、役行者が汚濁に満ちた世に救済の道を求められる苦行の中で、強い祈念によって祈り出されたとされ、三体・三尊が鎮座されている。

世界遺産登録を記念して一年間にわたり御開帳された蔵王堂秘仏本尊・金剛蔵王権現

三世にわたる守護仏

それは、釈迦如来、千手観世音菩薩、弥勒菩薩を本来の姿とする変化身であり、それぞれ過去、現在、未来を表し、三世にわたって人々を守る守護仏とされる。

三体の総高は、

釈迦如来（中央）七・三メートル。

千手観世音菩薩（右）六・一メートル。

弥勒菩薩（左）五・九メートル。

金剛蔵王権現の右手にある三鈷は天魔を砕く相で、左手の刀印は一切の情欲や煩悩を断ち切る剣。

平成十六年七月一日の世界遺産登録記念奉賛行事開闢法要を以って、秘仏御本尊ご開帳が開始となった

左足で地下の悪魔を押さえ、右足で天地間の悪魔を払う姿を現されている。

さらに、背後の火炎は偉大なる智慧、御身の青黒色は深い慈悲を現している。

多神教風土の象徴

権現とは権（かり）に現れるという意味であり、吉野には吉野権現、熊野には熊野権現、彦山には彦山権現、白山には白山権現と、その土地土地に、日本人は権現を勧請し、崇め奉ってきた。

これはキリスト教やイスラム教などの一神教的世界観にはない、極めて日本的な信仰である。

この権現像こそ、日本が営んできた多神教的風土の象徴なのである。その権現信仰の源が修験道の開祖役行者によって祈り出され、根本聖地吉野大峯に祀られた金剛蔵王大権現である。

権現様を心静かに拝めば、すべてを認め、一切をゆるす「恕の心」を感じ取ることができる。

特別ご開帳の期間中、日本中はいうにおよばず世界中からこの日本最大の秘仏の三体の金剛蔵王権現像を拝むために人々が訪れた。

拝む者を圧倒する悪魔降伏の忿怒相に、修験道が持つ荒々しい世界観とその奥に秘められた仏の慈悲が、参拝に訪れたたくさんの人々に、無言のうちに伝わっていったのであった。

修験道大結集・祈りの大護摩供

日本中の山伏が集合

世界遺産登録記念、第二の中心行事が「修験道大結集」である。

登録記念とともに、「ユネスコ憲章賛同事業」をかかげたこの行事は、秘仏本尊の特別ご開帳に合わせて同期間の一年間をかけて、日本中の山伏の大集合を行うという企画である。

その趣旨はユネスコ憲章賛同事業として展開した「地球平穏・世界平和の祈り」であり、「祈りの大護摩供」である（この詳細は四十七頁以降に詳述）。

世界遺産登録記念行事公式ガイドブック

公式ガイドブック・ポスターなど

一躍、脚光を浴びることになった修験道と吉野・金峯山寺。内外から訪れる人々に向けて、公式ガイドブックを発行し、修験道のこころ、「恕」のこころを訴え、期間中、三版を重ねた。

そのほかポスター三種、チラシ二種が製作された。

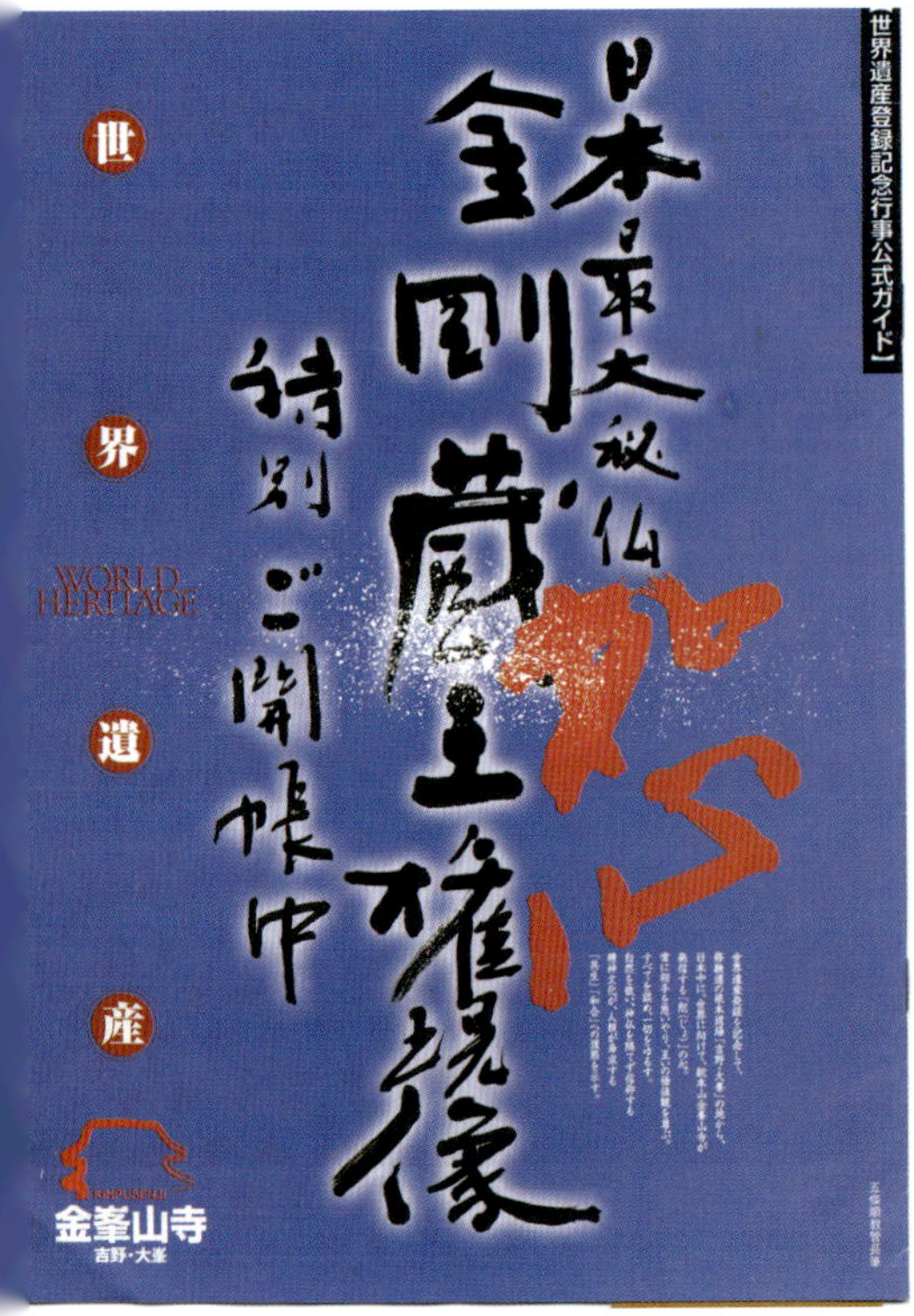

好評を博したポスター三種。なかでも秘仏本尊が三体並んだ写真の入ったものは、記念にほしいという要望が相次いだ。

広宣用ポスター

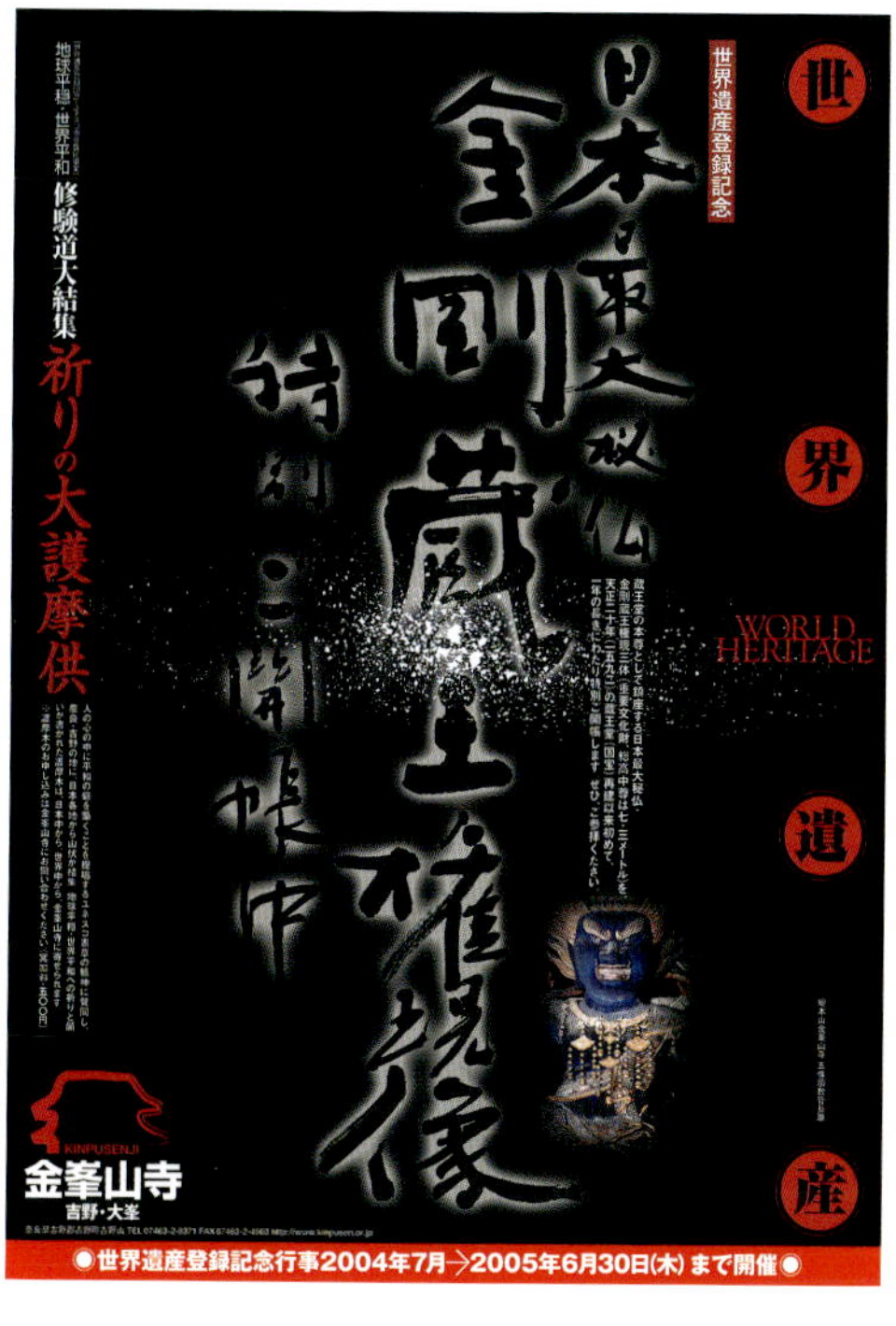

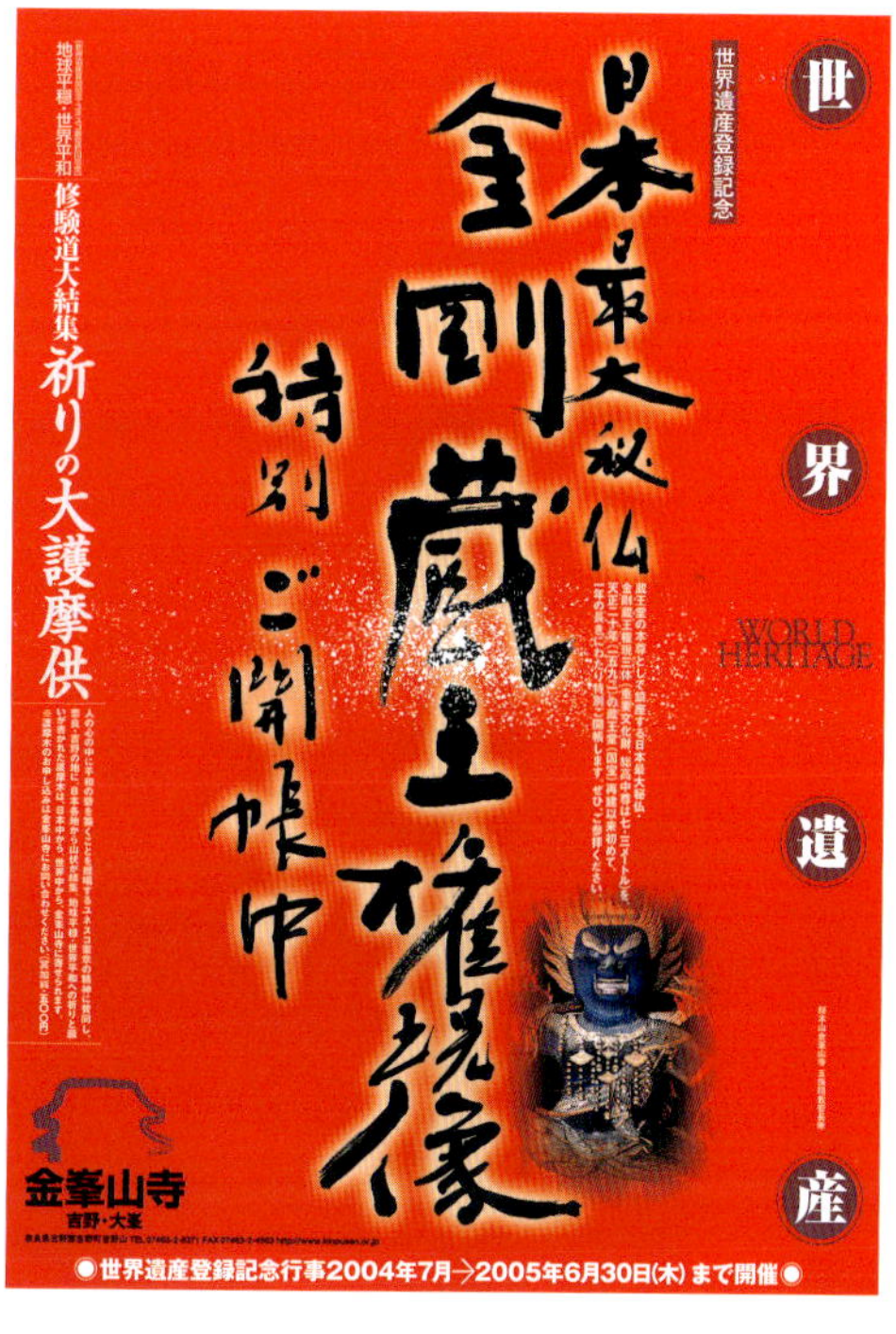

世界遺産登録記念奉賛行事をＰＲするリーフレット

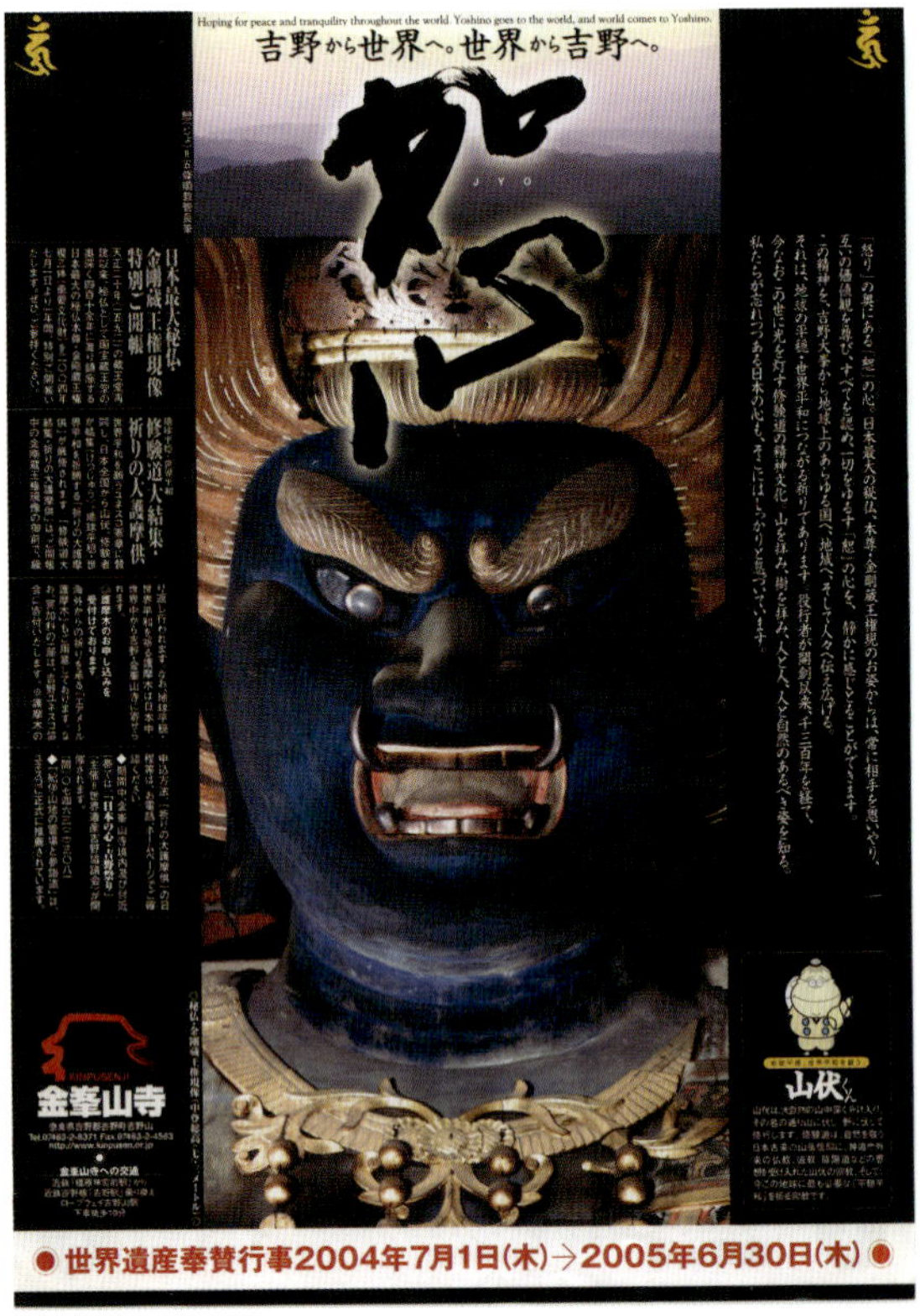

広報活動の展開

世界遺産登録記念行事を知らせる標識や幟が各所に設置され、慶祝ムードの盛り上がりとともにPR活動も広範にわたって行われた。金峯山寺の二大記念行事を知らせる幟の製作はもちろん、交通案内標識、近鉄電車のステッカー、吉野山商店街の提灯など、さまざまな場所で広報活動が展開されていった。

特別ご開帳と大結集を知らせる幟

吉野山の商店街には、奉賛の提灯が飾られた

道路標識にも「世界遺産」の文字が加えられた

近鉄電車には、世界遺産をアピールするステッカーが貼られた

近鉄の主要駅にお目見えした特別ご開帳の駒札

特別展「祈りの道～吉野・熊野・高野の名宝～」

金峯山寺での特別記念行事とは別に、聖地・吉野から外に出て、広く修験道をはじめとする世界遺産の姿を知ってもらおうと、金峯山寺の提案によって企画された記念行事、「特別展　祈りの道～吉野・熊野・高野の名宝～」も、大阪・名古屋・東京の三つの会場で行われた。

賑わった大阪会場

一番大きな賑わいを見せたのは地元関西ということで関心が高かったのか、大阪会場であった。例年にもまして暑さのきびしい夏であったにもかかわらず、連日会場となった大阪市立美術館は人波が続き、記念講演の会場は、入りきれずに入場制限が行われる盛況ぶりを示した。

しかし、東行した次の名古屋会場では、期待した盛り上がりは見られず、全般に低調な人手となった。

最後の巡回となった東京会場では人手が盛り返し、まずまずの入場者数を記録した。

蔵王権現像が話題に

この展覧会の白眉は、展覧会企画にあわせて修理が行われた元安禅寺本尊の蔵王権現像の出展であった。

この権現像は金峯山寺蔵王堂の東北隅に安置されており、近年痛みが激しくなっていたものだが、今回の世界遺産登録を機に大修理が施されることとなり、修理後の見事な姿が人々の大きな感動を呼び、一躍話題の主となった像である。

権現像の後日譚

後日譚がある。

この元安禅寺の蔵王権現像が、

大阪市立美術館に出陳された金峯山寺の蔵王権現像（写真提供・毎日新聞社）

三会場での巡回展示を終えて蔵王堂に帰り、大がかりな手間をかけて元通りに安置された夜のこと。

特に天気の崩れもなく、穏やかな冬の日であったにもかかわらず、夜中、「ドドーン」という突然の雷鳴がとどろき、全山に響き渡ったという。

金峯山寺の当直の僧が何事が起こったかと急いで境内を巡回したが、何事もなかった。

この日の天気予報では、雨や雷はまったく予想されておらず、まさに〝青天の霹靂〟。

あれは、権現さんのお帰りの声であった――と今でも吉野の語り草になっている。

特別展「祈りの道〜吉野・熊野・高野の名宝〜」実施要項

【大阪展】

会期　平成16年8月10日㈫〜9月20日㈪㈷

会場　大阪市立美術館（大阪市天王寺区茶臼山町1－82）

主催　三重県、奈良県、和歌山県、世界遺産登録推進三県協議会、大阪市立美術館、毎日新聞社、NHK大阪放送局、NHKきんきメディアプラン

【名古屋展】

会期　平成16年10月1日㈮〜11月3日㈬㈷

会場　名古屋市博物館（名古屋市瑞穂区瑞穂通1－27－1）

主催　三重県、奈良県、和歌山県、世界遺産登録推進三県協議会、名古屋市博物館、毎日新聞社、NHK名古屋放送局、NHK中部ブレーンズ

【東京展】

会期　平成16年11月20日㈯〜平成17年1月23日㈰

会場　世田谷美術館（東京都世田谷区砧公園1－2）

主催　三重県、奈良県、和歌山県、世界遺産登録推進三県協議会、世田谷美術館、毎日新聞社、NHK、NHKプロモーション

【共催】修験三本山会議（醍醐寺、聖護院、金峯山寺）、大峯山寺、熊野三山協議会、高野山金剛峯寺、財団法人高野山文化財保存会

【後援】文化庁、社団法人日本ユネスコ協会連盟、世界遺産吉野協議会

【協賛】関西大学、JR西日本、JR東海、日動火災海上保険株式会社、日本写真印刷株式会社、松下電器

【協力】日本通運

各会場の入場者数

大阪展　一九六、二四二人

名古屋展　三一、八〇五人

東京展　一〇八、七三一人

合計　三三六、七七八人

特別展を案内するパンフレット。左・大阪展、下右・名古屋展、下左・東京展

吉野楽講座

　世界遺産登録を機に、「日本の心、道と歴史と文化」を考えようと「吉野楽講座」と題した連続講座が吉野楽講座実行委員会（国土交通省奈良国道事務所・奈良県・奈良市・吉野町・天川村・十津川村）によって開催され、毎回多くの参加者がパネリストたちの熱い議論に耳を傾けた。

◆吉野楽講座第一章

　平成十六年三月三十日、於・吉野山ビジターセンター。コーディネーター／渡辺誠弥（明日香藍染織館館長）パネリスト／田中利典（金峯山寺執行長）、福井良盟（吉野町長）、紫舟（書家）。

◆吉野楽講座第二章

　平成十六年五月二十四日、於・奈良女子大学。パネリスト／水野正好（奈良大学教授）、田中利典、狭川真一（元興寺文化財研究所部長）、紫舟。

◆吉野楽講座第三章

　平成十六年六月二十二日、於・天川弁財天社。パネリスト／田中利典、大倉源次郎（能楽大倉流十六世宗家）、有里千賀子（女優）、池田淳（吉野歴史資料館長）。

◆吉野楽講座第四章

　平成十六年十月十四日、於・金峯山寺蔵王堂。パネリスト／田中利典、真木嘉裕（歴史街道推進協議会事務局顧問）、本上まなみ（女優）、更谷慈禧（十津川町長）。

◆吉野楽講座第五章

　平成十七年六月二十八日、於・東大寺金鐘会館。パネリスト／田中利典、宗田好史（京都府立大学助教授）、星野知子（女優）、藤本貴也（国土交通省近畿地方整備局長）。

4

思念

修験道が持つ独自の宗教文化。その現代的意義とは何か。

特別対談

吉野の世界遺産は、心の遺産、祈りの遺産。

●世界遺産登録記念対談●

くらら（静御前イメージ・モデル）

柳沢眞悟（金峯山寺副住職）

世界遺産「紀伊山地の霊場と参詣道」は、「霊場」「参詣道」という言葉が表すように、自然と人の営みによって形づくられた「文化的景観」の価値が、世界に誇るべき、子々孫々に伝えるべき遺産として認められたものである。

では、そこにどんな営み、自然との関わり、信仰があるのか。また、互いを認め、一切をゆるしあう心、「恕」のこころを発信してきた金峯山寺の副住職で、千日回峯行者でもある柳沢眞悟師が自らの体験を交えながら語る。

聞き手は、金峯山寺の世界遺産登録記念行事イメージ・モデルとして、静御前に扮した「くらら」さん。

山に伏して、心身を鍛え、神仏の力を得る修験道。

くらら　実は、「修験者」といわれる方とお話するのは初めてなんです。少し緊張していたのですが、副住職のやさしそうなお顔を拝見して安心しました。

柳　沢　そうですか。でも、修行中は厳しいですよ。命がけ、己との闘いの連続ですから。ただ、修験者、いわゆる山伏は、特別な人間ではありません。一定の期間だけ修行生活をするサラリーマンの山伏もたくさんいます。

くらら　私たちが、普段、お会いするお坊様とも、少し違いますね。

柳　沢　修験道は、日本古来の山岳信仰に、神道や大陸から伝わった仏教、密教、道教、陰陽道などが入り混じってできた山岳宗教です。山伏とは、「山に伏す」という意味で、山を歩き、心身を鍛え、そこに坐す神仏の力、験力を得るわけです。

くらら　理屈だけじゃないんですね。

柳　沢　自分の五体を通した参加型、体験型の宗教ですから。そして、神様と仏様を分けない習合型という特徴があります。日本人の心の中にある多神教的な宗教文化の精神を実践しながら今の時代に伝えているわけです。くららさんも、神様にも、仏様にも、手を合わせるでしょ。

くらら　はい、自然に…。

柳　沢　多神教的な宗教文化は、

仏教儀式の中にも受け継がれています。例えば、千二百五十余年続く東大寺の修二会、お水取りでは、毎夜、「この行法をご照覧あれ」と全国の神々の御名を記した神名帳が読み上げられます。ちなみに、その第一番、最初に呼ばれ

るのが金峯山大菩薩、すなわち当山の蔵王権現様なのです。

くらら　修験道と大仏様。意外な関係ですね。では、修験道はどのようにして始まったのですか。

信じられない超能力も、体験すれば腑に落ちる。

柳　沢　ご開祖は「役小角（えんのおづぬ）」という人物です。私たちは「役行者（えんのぎょうじゃ）」という尊称でお呼びしています。生きられたのは、飛鳥時代後期の六三四年から七〇一年で、苦修練行によって超人的な能力、「神通」を習得されたという数多くの説話が残されています。

くらら　空を飛んだり、世間のすべての声が聞こえたり…。副住職も、金峯山寺と山上ヶ岳、大峯山寺の間を千日間休まず往復する「千日回峯行」を戦後初めて満行されたとお聞きしています。神通は習得できましたか。

柳　沢　いえいえ、それは伝説の中の話ですから（笑）。ただ、理屈では説明しにくいのですが、体験することで腑に落ちる神通もあります。自然と一体になることで五感は研ぎ澄まされますから…。それが、山の中で仏の説法に直に触れる参加型、体験型の宗教ということです。

くらら　役行者は、そうした修行の中で金剛蔵王権現を祈り出されるのですね。

柳　沢　祈念に応えて現れられたお姿を桜の木で刻まれ、山上ヶ岳とその山麓の吉野山に安置されます。蔵王堂、金峯山寺の始まりです。やがて、役行者は理想の修行者像として伝説化され、吉野は修験道の根本道場として東大寺など南都のお坊さんたちも修行に訪れるようになります。一方で、信者や吉野山の人たちは桜を権現様のご神木として大切にし、富士山と並び賞される日本の象徴、吉野山の桜を、今に残すわけです。桜は信仰の証なのです。

世界遺産に登録された日本人の心の原点。

くらら　日本の心と吉野、修験道。お話をお聞きすればするほど、強い結びつきを感じますね。そういえば、武士道魂を描いた映画「ラストサムライ」の舞台もYOSHINOの国という設定でした。

柳　沢　そうらしいですね。時代背景やストーリーからすると薩摩国になるはずが、吉野になっていると聞きました。吉野は、壬申の乱や南北朝の時代などに、時の権力、中央政府に敗れた者たちを受け入れた土地です。ハリウッドの人たちは、そんな吉野の歴史を象徴的に表現したのかもしれませんね。

くらら　なるほど。そうしたいろんな意味で日本人の心の原点ともいえる「吉野・大峯」を含む「紀伊山地の霊場と参詣道」が、念願の世界遺産に登録されました。

柳　沢　はい。これまでご尽力いただいた多くの方々に感謝しています。そして、ここで大切なことは、登録の対象となったのが、一般的な文化財や自然景観という枠を超えた「霊場」と「参詣道」という人の営み、信仰だということです。

くらら　つまり、日本の心そのもの…。

柳　沢　先ほどから繰り返し言っている、多神教的な世界観、日本の四季や豊かな自然が育んできた精神文化です。日本は明治以降、神仏を分離して、神様は神様、仏様は仏様としました。修験道は廃仏毀釈により禁止された歴史も持ちます。しかし、この紀伊山地全体には、それ以前の営み、聖なるものと人間のつながりが豊潤に残っています。そうした私たちの「心」が、世界遺産として認められたということに意義があるのです。

宇宙の軸、吉野の地に、世界中の祈りが集まる。

くらら　世界遺産登録を記念して、日本中の山伏が吉野の地に集まり、地球の平穏、世界平和を祈願されるそうですね。

柳　沢　宗教の枠を超えて互いの価値観を認める心、自然を敬い、大切にする修験の心を世界中に発信します。これは人の心の中に平和の砦を築くことを提唱するユネスコ憲章にも合致する精神です。

くらら　世界中から寄せられるエアメール護摩木も話題を呼んでいます。

柳　沢　護摩供は、密教的な意味でいうと、行者と本尊が一体になることなのですが、世界中の皆さんの心が護摩木をお納めいただくことでひとつになればと願っています。金峯山寺の山号は「国軸山」といいます。これは宇宙の軸を意味します。宇宙軸である吉野の権現様に世界中の祈りが集まる。とても意味のある行事です。

くらら　その権現様、蔵王堂のご本尊、金剛蔵王権現像も、一年にわたってご開帳されます。日本最大の秘仏ですね。

柳　沢　一年というのは、初めてのことです。また、ご本尊の前に「発露の間」を設けます。ご本尊と対面して懺悔（さんげ）する。「ごめんなさい」と許しを請うていただく空間です。お姿を見るだけでなく、心で対面していただければと思います。

くらら　懺悔しなければいけないこと、たくさんあります（笑）。権現様は、許してくださるかしら…。

柳　沢　大丈夫ですよ。蔵王権現は、三体とも怒りに満ちたお姿をされていますが、それは悪魔を払うための仮のお姿です。もともとは、釈迦如来、千手観音、弥勒菩薩の変化身。じっと見つめていると、おやさしい心が感じられますよ。それが、常に相手を思いやり、すべてを認めて、一切を許す「恕」の心です。

くらら　常に相手を思いやる恕の心。今の世界にいちばん必要な心ですね。

聖と俗の行き来で、日本人は元気になる。

柳　沢　私は、地球上の営みには、ひとつの周期があるんだろうなと思っています。大きくいえば太陽系の中、地球の運行の仕方とか…。今、その歯車が何かしらズレてきているのでしょう。でも、それを正せるのは人の心しかありません。

くらら　私たちは、祈ることで救われるのでしょうか。

柳　沢　想念世界が汚れると、人々の考えも悪い方向へ、荒んだ方向へと向かってしまいます。祈りとは、そういうものを浄化する方法なんです。物質的なものでやろうとしてもダメなんです。

くらら　一人ひとりの気持ちのあり方が大きな力を持つということですね。

柳　沢　まさに「気」です。日本人には、日常生活で枯れた気を、ハレの場所へ行くことによって蘇らせるという感性があります。文字通り〝元気になる〟ということですね。気が枯れる日常と、聖地性を持った場所、あるいは神仏の住まうところ、心安まる場所という非日常、ハレの場所を持つことが大切なんです。

くらら　吉野の世界遺産としての役割が見えてきたように思います。

柳　沢　もともと聖と俗の行き来は、日本人が昔から行ってきたことです。しかし、仕きたりや制度としては廃れてしまった。それがこの地には、残っているのです。

くらら　今、日本に戦争はなくても、経済的精神的に行き詰まり、気が枯れ、自ら命を絶つ人の数が、毎年、世界中の戦死者より多いという事実があります。

柳　沢　多神教的な宗教観を世界に訴えるとともに、気が枯れた日本人の日常に、ハレを経験できる非日常の場を提供することも大切です。世界の人々が日本の心を知ることで地球全体が穏やかになる。日本人が吉野に来ることで元気を取り戻す。そうなるために、私は日々祈り、修行しなければと思っています。

くらら　吉野に多くの人が来れば来るほど、日本も、世界もいい方向に進むということですね。私も元気が出てきました。今日は、ありがとうございました。

〈世界遺産登録記念行事公式ガイドブックの文中より転載〉

修験道大結集

修験道の聖地、吉野・大峯が世界遺産登録されたのを契機に、日本全国の山伏が世界平和の誓願を以て、秘仏金剛蔵王権現のご宝前に結集した。

それぞれの流儀で地球平穏・世界平和の祈りの大護摩供を修法し、修験道の大いなる力で、地球の穏やかな未来、人類恒久平和への道が開かれることを祈念したのである。

始動

修験道大結集は、日本仏教史上初めてのことである。明治の大弾圧からよみがえった修験道は、世界を導く新たな歩みを始動した。

金峯山寺では「紀伊山地の霊場と参詣道」のユネスコ世界遺産登録記念奉賛行事として、二〇〇四年七月一日から翌年六月三十日まで一年間にわたって、蔵王堂秘仏本尊の御開帳など数々の行事を展開したが、その中心事業は「修験道大結集・祈りの大護摩供」であった。

本事業は、修験道の持つ多神教的宗教性に基づく精神文化が、人の心の中に平和の砦を築くことを提唱するユネスコ憲章の精神とも合致することから、ユネスコ憲章賛同事業としても行われたものであった。また同時に明治期に大弾圧を受けながら、見事に復活をとげた修験道の、二十一世紀に脈々として法灯を伝える新たな始動の一歩として、地球の平穏・世界平和を祈念しようとするものであった。

この歴史的な呼びかけに応じて、三井寺や聖護院、醍醐寺、五流尊瀧院、大峯山寺、薬師寺修験部、犬鳴山七宝瀧寺など、修験道の伝統を護持する日本全国の山伏たちが金峯山寺に結集したのであった。その数は二十二カ寺・三千数百人にのぼった。

修験道大結集が行われたこと自体が日本仏教史上、未曽有のことであり、これほどの数の山伏が結集したことは、はじめてである。

まさに修験道開闢以来初の画期的な大法会と呼ぶに相応しい壮挙となったのである。

結集した山伏たちは、特別ご開帳中の日本最大秘仏・金剛蔵王権現の宝前で、それぞれの流儀に従い、祈りを込めて修法し、修験道の精神を世界に向けて発信し続けた。そしてこの歴史的な大法会に出会った多くの人々を通じて、修験道の精神と祈りは広く深く、日本から世界へと伝えられたのであった。

奉賛行事のテーマとしてかかげられた「恕」の心には、ユネスコ憲章・前文の「戦争は人の心の中で生まれるものであるから、人の心の中に平和のとりでを築かなければならない。相互の風習と生活を知らないことは、人類の歴史を通じて世界の諸人民の間に疑惑と不信をおこした共通の原因であり、この疑惑と不信のために、諸人民の不一致があまりにもしばしば戦争となった…」という精神にも相通じる「平和への祈りの心」が込められている。

あわせて一年間の大結集の間、地球の平穏・世界平和への祈りと願いが込められた護摩木が、日本国内はもとより、世界中から吉野・金峯山寺に寄せられ続け、集まった護摩木は各山奉修の祈りの大護摩供において、祈りを込めて焚き上げられた。

山に伏し、野に伏し、自然とそこに坐す神々に祈る日本独自の宗教・修験道は、世界遺産登録決定を記念した修験道大結集を通して、現代の世界・社会が抱える諸々の問題解決の可能性を秘めていることを、世界に向かって明らかにしたのであった。

この修験道大結集は、主催＝修験道大結集吉野実行委員会（金峯山寺管長五條順教委員長）、共催＝世界遺産吉野協議会、吉野ユネスコ協会、奈良県ユネスコ連絡協議会、後援＝㈳日本ユネスコ協会連盟、日本山岳修験学会、NHK奈良放送局、奈良大学という大きな広がりの中で実行されたのであった。

世界遺産登録記念奉賛行事
開闢法要

2004年7月1日

「紀伊山地の霊場と参詣道」世界遺産登録記念奉賛行事の開闢は、今か今かと登録決定の報を待つ二〇〇四年七月一日午後一時から、金峯山寺本堂蔵王堂において執り行われ、一年間にわたる世界遺産奉賛行事・蔵王堂秘仏御本尊の特別ご開帳がはじめられた。

開闢法要は、五條順教管長猊下大導師のもとに、百三十余名の金峯山修験本宗僧侶が集い、四箇法要及び教信徒千衣法要を以て行じられ、世界遺産登録の慶祝を奉迎した。

午後十二時半、千衣法要装束に身を整えた本宗教師が別格本山東南院に整列。金峯山流法螺師を先頭に蔵王堂に向け進列が開始される。蔵王堂入堂後、五條猊下や一山僧侶ら山衆が日本雅友会奏上の雅楽に先導され、芳春軒から入堂して開式となった。

大導師登壇後、田中利典金峯山寺執行長のご開帳宣言がなされると、雅楽演奏と法螺の立螺がこだまする中、重々しく蔵王堂秘仏御本尊三体の扉が開かれ、二〇〇五年六月三十日までの一年間に亘る特別ご開扉の開闢となったのである。

唄、散華、対揚の梵唄声明が流れ、続いて千衣法要教信徒による法華経読誦が厳かに唱えられて、開帳なった秘仏金剛蔵王権現さまへの報恩感謝の厳儀が捧げられた。

法要の後、五條猊下より「世界遺産登録を活かして新しい修験道を皆で進めていきましょう」と誓いのご挨拶があり、最後に田中執行長が謝辞を述べて開闢法要を終えた。

世界遺産登録決定の報がもたらされたのはこの日の夕刻であった。

記念すべき世界遺産登録奉賛行事はこの秘仏御本尊のご開帳を以て開始となり、ユネスコ憲章賛同事業・修験道大結集「平和の祈りの大護摩供」がご開帳期間中に行じられ、全国の修験寺院教団の来山を迎えることとなった。

大峯山護持院竹林院

7月18日

大結集①

奈良県吉野町吉野山

二〇〇四年七月十八日、修験道大結集「平和の祈りの大護摩供」の幕開けに登場したのは大峯山護持院の竹林院。

護持院とは大峯山・山上ヶ岳にある大峯山寺を輪番で管理する寺院のことで、吉野山の東南院、竹林院、喜蔵院、桜本坊の四カ寺と、洞川の龍泉寺を合わせた五カ寺をいう。

この日、晴れ渡った空の下、竹林院を出発した約二百名の修験者が金峯山寺蔵王堂に集合した。

そして福井良盟竹林院住職大導師の下、金峯山寺五條順教管長猊下や各執行並びに竹林院長老福井良盈師らが随喜して、大結集最初の修法となる平和祈願の大護摩供が厳粛に営まれた。

照りつける日差しの中に立ちのぼる炎と煙に乗って、日本独特の修験道の発する祈りのメッセージの第一弾が、吉野の空から世界中へと放たれ、ここにユネスコ憲章賛同事業・修験道大結集「平和の祈り大護摩供」がスタートした。

竹林院は、聖徳太子が黒駒に乗って吉野山へ来た折り、椿谷の辺りに一宇の精舎を建て、椿山寺と称し、永く朝家の護持に備えたのを開創とする、吉野一山の中でも長い歴史を有する名刹。

その後、天武天皇は専ら御願施物等を寄せられたと言う。寺伝によれば南北朝の対立後、後小松天皇の勅命により竹林院と改称。戦後独立して単立寺院となった。

現在は格調高い宿坊として有名で、庭園は「群芳園」と呼ばれ、大和三庭園のひとつで室町時代に創建されたもの。桃山時代に千利休、または細川幽斎が改修したと伝えられる。回遊式の借景園で吉野山西側の展望が素晴らしい。

境内にある慈救殿には神像様式の珍しい聖徳太子像のほか不動明王像、役行者像などが安置されている。

竹林院「世界遺産記念　祈願文」

謹み敬って大峯金剛蔵王大権現大日大聖不動明王高祖神変大菩薩開創聖徳皇太子大峯満山護法善神乃至一切三宝に白して言さく　是に今南閻浮提扶桑国大和金峯山蔵王堂御眼前是の具支灌頂の道場に於いて　吉野大峯奥駈修行道のユネスコ世界文化遺産登録を記念し　代々先達謝徳の為役行者尊より嫡々相承する処の柴燈大護摩供の秘法を修し現当二世の悉地成就を祈り奉る

伏して願わくは本尊聖者吾等が大悲本誓を観念し哀愍納受し給はんことを

一天泰平　平和長久

四海静謐　万民快楽

大峯竹林　物講社中

家内安全　息災延命

乃至法界　平等利益

維時

平成十六年七月十八日

大峯山役氏法孫

竹林院第四十一世　良盟　謹白

大結集②

金峯山寺 平和祈願大護摩供

7月19日

金峯山寺は今回の修験道大結集の発願者である。吉野山から大峯山山上ヶ岳にかけての一帯を金峯山と称し、この地は古代から広く知られた聖域であった。白鳳年間（七世紀後半）、この金峯山に修験道の開祖役行者が修行に入り、修験道の本尊となる金剛蔵王大権現を祈り出す。その姿を山桜に刻んで、山上ヶ岳（大峯山寺本堂）と山麓の吉野山（金峯山寺蔵王堂）に祀ったのが、金峯山寺の開創と伝える。

平安中期から大いに繁栄し、藤原道長など、時の権力者もたびたび詣でている。南北朝の争乱では南朝の拠点として勇名を馳せ、また日本最高の桜の名所としても名高い。

その後も時代の変遷を乗り越えて栄えつづけたが、明治維新の神仏分離政策、そして明治七年の修験道廃止令により、金峯山寺は一時廃寺となる。ようやく同十九年に天台宗の寺として復興し、昭和二十三年に蔵王堂（国宝）を中心に、金峯山修験本宗を立宗、その総本山として現在に至っている。

金峯山寺蔵王堂の御本尊金剛蔵王権現のご縁日は毎月十九日である。世界遺産登録後の、その最初の蔵王権現ご縁日に当たる七月十九日、ご開帳中の秘仏御本尊金剛蔵王権現の供養を兼ねて、金峯山寺平和祈願大護摩供が、夜儀として修行された。

大護摩供は、五條順教管長猊下以下金峯山寺配下の修験者約百五十名が帰山参加して執り行われた。

当日はＮＨＫ総合テレビ・ＢＳ合同企画番組「世界遺産特集・今日は一日世界遺産」で全国に生中継される中、出仕の修験者一行は午後七時半に蔵王堂に入堂。

勤行の後、蔵王堂四本桜前の大護摩道場に入場し、山伏問答や法剣結界作法の後、五條管長猊下大導師による平和祈願の文が読み上げられて、漆黒の夜空に法火が点ぜられた。

そして全国からよせられた平和への願いを書いたエアメール護摩木が大壇に投じられ、祈願成就が念じられた。

得度受戒会

◎金峯山寺「平和の祈り　祈願文」

謹ミ敬テ　本尊界会秘密教主摩訶毘盧遮那如来　金胎両部諸尊聖衆　三世常住金剛蔵王大権現　大聖不動明王　高祖神変大菩薩　七大八大金剛童子　子守八社勝手若宮部類眷属金峯箕面葛城熊野等修験擁護諸天善神　總ジテハ日本国中三千余座大小ノ神祇ニ白シテ曰サク　此ノ度「紀伊山地ノ霊場ト参詣道」ガ世界遺産ニ登録セラレタル慶事ヲ奉賛シテ　修験根本道場金峯山寺蔵王堂御本尊宝前ニ於イテ修験道ノ大結集ヲ挙行シテ世界平和祈リノ大護摩供ヲ奉修スルコトヲ発願セリ　而シテ本日茲ニ金峯山宗徒等馳セ参ジ大峯秘法採灯大護摩供ヲ厳修シテ世界ノ平和ト人類ノ幸福ヲ祈願セントス　仰ギ願クハ本尊聖者諸尊聖衆宗徒等ガ微衷ヲ哀愍納受シテ悉地成就セシメ玉へ

伏シテ願クハ

天下泰平　五穀豊熟

修験道興隆　法輪常転

教徒繁栄　法験自在

信者一統　家内安泰

心願成就　如意円満

乃至法界　平等利益

維持

平成十六年七月十九日

金峯山寺管領

大先達順教　敬白

大結集③

奈良市西ノ京町

南都修験道・大本山薬師寺

7月31日

薬師寺は天武九年（六八〇）、天武天皇が後の持統天皇である鵜野讃良皇后の病気平癒を祈願して飛鳥の地に創建した寺院。しかし天武天皇は寺の完成を見ずに没し、伽藍整備は持統天皇、文武天皇の代に引き継がれ、持統二年（六八八）に薬師寺で無遮大会という行事が行われた頃には、伽藍が完成していたと見られている。

養老二年（七一八）平城京遷都に伴い、飛鳥から平城京の六条大路に面した現在地に移転した。

裳階を施した金堂や塔のたたずまいの美しさは「龍宮造り」と呼ばれて賞されたが、その後、幾度かの火災で次々に焼失し、創建当時の姿をとどめるのは東塔のみとなった。

鎌倉時代や江戸時代に幾度かの再建が行われたが、中でも昭和五十一年に金堂が創建当初の様式のままに、昭和五十六年には同じく西塔が四百五十三年ぶりに再建され、東西の両塔が新旧の対比を見せながら西の京の空にそびえている。

南都修験道・大本山薬師寺による、修験道大結集「平和の祈りの大護摩供」は、七月三十一日、安田暎胤薬師寺管主を大導師に執り行われた。

この日は台風十号の暴風雨のため、蔵王堂内陣大壇での壇護摩供の修法となったが、南都修験道の一行が吉野山で、そして金峯山寺蔵王堂ご宝前で護摩供を修法することは過去に例がなく、今回の護摩供はまさに画期的なことであるとともに、修験道大結集の意義をよりいっそう高める一大盛儀となった。

当日、午前十一時に金峯山寺本坊前に整列した薬師寺一山僧侶や修験大衆約百五十名が行列して、蔵王堂へ入堂。金峯山寺からも五條順教管長猊下や各執行が随喜する中、地球安穏世界平和祈願の護摩供が修法された。

薬師寺修験大衆は護摩供のあとさらに洞川へと歩をすすめ、大峯山入峰修行に赴いた。

蔵王大権現

蔵王大権現

薬師寺祈願文「地球平穏／世界平和を祈る」

謹み敬って摩訶毘蘆舎那周遍法界大日如来　因縁果満盧舎那界会霊山浄土釈迦牟尼如来　補陀落浄土千手観世音菩薩兜卒浄土弥勒菩薩の変化身たる金剛蔵王権現　別しては大聖大悲不動明王四部八大諸天　殊には大峯神変大菩薩　当流開祖道昭菩薩等の一切三宝　総じては日本国中大小神祇諸天善神諸部類眷属等に白して言く

将に今ユネスコ憲章賛同事業による「紀伊山地の霊場と参詣道」の世界遺産登録を記念して　金峯山寺蔵王堂御宝前の道場に　善男子善女人相集い　薬師寺南都修験道大壇越と為って　一心の誠を抽んでて地球平穏・世界平和を祈る柴燈大護摩供の秘法を厳修する砌也

夫れ柴燈大護摩は事々無礙の妙法　転禍為幸除災招福除病長寿の要術也　信心の施主の久遠劫の罪障を消滅し　離苦得楽無病息災福寿無量諸願成弁せしむる者也

惟れば二十世紀は　凡そ二百五十の戦争により二億人の尊き生命を奪われ　残酷極まる悲惨な戦争の世紀也　就中日本は第二次世界大戦に於いて他国に多大の被害を及ぼし　国民も亦その被害を蒙ること甚大也　殊に広島・長崎には世界初の原子爆弾の被害を受け未だにその苦に耐える人在り　故に二十一世紀を平和の世紀にせんとの願いを以って迎えたれども、アメリカの同時多発テロに端を発し　報復措置としてアフガニスタンを攻撃し続いてイラクの攻撃となり多くの人命を亡くする也　今日なお戦闘状態に有り　中近東各国の世情は暗澹たる状況也　或いはアフリカの内戦や飢餓による死者も亦多し北東アジアに目を転ずれば　北朝鮮の核開発や拉致等在り　世界平和の道程は依然として険しき者也

然し乍ら諦むることなく　人類の英知を以って対話し　恕の心を発揮し　平和実現に向けて精進し平穏を祈ることこそ肝要なる哉　此の時に際し多くの修験道行者が大結集し　平和祈願の柴燈大護摩の秘法を修するは　誠に時宜を得たる尊き行法也

仰ぎ願わくは本尊金剛蔵王権現　聖衆三界諸天善神を始め奉って大峯神変大菩薩　道昭菩薩等　大施主の志願を哀愍納受し　威光増長し衆生を摂化せしめ給え

重ねて乞う

地球平穏　世界平和　万民快楽

更には今日　参詣面々　家内安全

息災延命　子孫長栄　乃至法界　平等利益

平成十六年七月三十一日
於金峯山寺蔵王堂
薬師寺南都修験道
大導師沙門暎胤　敬白

総本山 五流尊瀧院

8月6日

修験道大結集「平和の祈りの大護摩供」の第四回目は、平和の原点・ヒロシマの「原爆忌」と時を同じくして八月六日午前十一時半から、総本山五流尊瀧院の出仕により厳修。護摩の炎に平和への願いを託して世界へと発信した。

この五流尊瀧院が吉野及び蔵王堂で大護摩供を修法したという記録はなくこの度が初めてとなった。この結果全国の修験道各派が集うという文字通り「大結集」となり「平和の祈りの大護摩供」は大きな意義を持った。

五流尊瀧院一行は、前日に洞川を経て山上ヶ岳への入峰修行を終えたのち、六日の大護摩供に臨んだ。大護摩供は、宮家道玄五流尊瀧院管長猊下大導師のもと、金峯山寺の五條順教管長猊下をはじめ各執行が随喜して、多くの参拝者が見守る中、総勢五十名の五流山伏によって修法された。

宮家管長猊下は護摩状の中で、ユネスコ憲章の精神を讃え原爆ドームと吉野大峯の世界遺産登録の意義を強調した。

大結集④ 岡山県倉敷市林

五流尊瀧院は、役小角が伊豆大島に配流されたとき、五大弟子が大宝元年、備前児島半島に上陸、現在地に熊野権現の御神体を安置したのがはじまりとされる（尊瀧院、伝法院、大法院、報恩院、建徳院）。

承久二年、後鳥羽上皇の第四皇子頼仁親王が承久の変に連座して、児島に配流されて尊瀧院に入り、庵室を結び、頼仁親王崩御後、長男道乗が五流一山を再興した。

中世の五流尊瀧院は強大な勢力を誇り、児島の大半を新熊野の神領とした。戦国期は一山が武装するものの、諸戦国勢力の間で翻弄され、次第に寺領伽藍を喪失していった。

明治の神仏分離令により、五流修験が十二社権現と熊野神社に分離した。明治五年修験道廃止、寺院は天台宗寺門派に属した。

第二次大戦後、五流尊瀧院は自らを本山とする「修験道」として独立した。

修験道

◎五流尊瀧院護摩状「奉修採燈大護摩供之旨趣」

謹み敬って梵釈四王八部官属十二威徳天日月五星諸宿曜等諸天神祇威枎自在顕掲熊野十二社権現王子眷属乃至満山護法山内之諸神諸大薩埵大日大聖不動明王四大八大諸忿怒尊修験神変大菩薩、総じて尽空法界一切三宝の境界に白して言さく

夫れ惟れば採燈大護摩の秘法たるや、事理一体の妙法、転禍為福の捷径なり　故にこれを信ずる者は無始以来の重罪を滅し、これに帰依する者は苦を離れ楽を得るの利益を蒙る無病息災にして千歳万秋の齢を保ち福寿円満の楽を極む、誠にこれ除災受楽の深法、諸願成就の大法なり。豈にこれを信ぜざらんや　本日茲に修験道の根本道場吉野・大峰の聖地、世界遺産登録に当たり、全国の五流山伏が結集、霊験灼かにして功徳深重なる五流修験秘伝を以て「修験道大結集・祈りの大護摩供」を修し奉る

ユネスコ憲章の精神を尋ぬるに、平和の原点・ヒロシマの原爆ドーム、世界遺産登録に顕かなり「紀伊山地の霊場と参詣道」も此に違わず、壱千参百年に亘り守り継がれし、共生・和合への修験道の精神此なり

仰ぎ願くは、平和の原点・ヒロシマの「原爆忌」に時を同じくして、恒久平和への誓いを新たに、全世界の戦争犠牲者を慰霊し、吉野・大峰の聖地より地球平穏、地球平和を祈願し、五流修験の採燈大護摩供の秘法を修す

伏して乞う

本尊諸尊　威光倍増　法楽報恩謝徳

紹隆正法　天皇隆正法

天下泰平　万民豊楽

風雨順時　百穀豊熟

天皇陛下玉体安穏

当道興隆発展　講員信者各家　家内安全

業運繁昌　諸願成就　乃至法界平等抜清

右抜丹誠令記念之状如件

平成十六年八月六日

採燈師修験道法首　大僧正長床大先達

宮家道玄　敬白

大結集⑤

本山修験宗
総本山聖護院門跡

8月30日

京都市左京区聖護院中町

修験道大結集「平和の祈りの大護摩供」は第五回目として八月三十日に本山修験宗・総本山聖護院門跡を迎え、加来徳泉門主猊下のご名代として宮城泰年宗務総長の大導師の下に執り行われた。

聖護院門跡が金峯山寺蔵王堂ご宝前で大護摩供を修法することは、戦後には例のない画期的なことで、修験道大結集の意義を高める一大盛儀となった。

聖護院門跡では世界遺産登録記念として、吉野から熊野三山まで二百四十キロを歩き通して修行する古式に則った奥駈修行を再興、この蔵王堂での平和祈願採灯大護摩供が、その駈入護摩として修法された記念すべきことであった。

当日は、吉野川より修行してきた奥駈の一行と出仕の山伏が合流、二百名となった山伏は蔵王堂で勤行の後、道場に進列。金峯山寺からも五條管長猊下や各執行が随喜する中、地球安穏世界平和、奥駈道中安全祈願の大護摩供が修法された。

聖護院は、智證大師円珍の衣鉢を継ぐ増誉大僧正が、寛治四年（一〇九〇）に白河上皇の熊野三山参詣の先達をつとめたおり、その功績によって、聖体護持の二字をとって聖護院という寺をたまわったのがはじまりである。

このとき、増誉大僧正は熊野三山検校職に任命され、天台系修験者を統括する本山派修験の管領となった。

後白河天皇の皇子だった静恵法親王が宮門跡として入寺して以来門跡寺院となり、明治維新までの三十七代の門跡のうち、二十五代が皇室の出身という高い格式を誇り、禁裏の火災に際しては光格天皇の仮御所となったこともある。

しかし、室町後期からは苦難が続き、応仁の乱で伽藍が焼亡。洛北の岩倉や市内の烏丸今出川に移転したが、いずれの伽藍も火事で失われ、江戸時代の延宝四年（一六七六）に、もとの場所に再興され、現在に至っている。聖護院は本山派修験道の総本山として、修験道の一大拠点となっている。

聖護院門跡祈願文

「奉修採燈大護摩供之支」
一天泰平　世界平和
正法興隆　佛日増輝
本尊権現　倍増威光
世界遺産　環境保全
修験隆昌　信力堅固
奥駈道中　峯中安全
修行者一同　身体健勝
参詣道俗　意願成辨
乃至法界　利益周遍
右抽丹誠謹而令祈念之條如件
平成十六年八月三十日
本山修験宗總本山
聖護院門跡某甲　敬白

和歌山県那智勝浦町那智山

熊野修験・那智山青岸渡寺

9月12日

修験道大結集「平和の祈りの大護摩供」の第六回目となる法会は、九月十二日午後三時過ぎより天台宗・那智山青岸渡寺の出仕により厳修された。

那智山青岸渡寺は西国三十三観音霊場として名高い名刹寺院であるが、近年は熊野修験の再興を目指し、那智四十八滝修行の復興や大峯奥駈の順峰修行を行うなど、めざましい躍進を遂げている。当日も弥山から山上ヶ岳への奥駈修行を終えて下山された。

蔵王堂ではその奥駈修行満願の駈けだしの護摩供修法となり、那智山青岸渡寺としては初めて金峯山寺での修法となった。

大護摩供は、高木亮英副住職の大導師の下、五條順教管長猊下や各執行が随喜して、約百五十名の那智山青岸渡寺の行者や信徒により営まれた。

那智山青岸渡寺は、仁徳天皇時代に、インドから渡来して那智山を開いた裸形（裸行）上人が、滝壺から見つけ出した如意輪観音を安置して、開創したと伝わる。こういう事情から、那智山の一帯は、神の土地であると同時に、観音菩薩の住む浄土、つまり補陀落浄土と考えられてきた。

補陀落信仰が盛んな時期には、生きたままで補陀落浄土へ行こうと、小さな船に乗り、はるか南方に向かって船出する、いわゆる補陀落渡海が何回もおこなわれた。

平安中期以降の熊野信仰の発展とともに、いよいよ発展し、西国三十三ヶ所観音巡りの一番札所に定められたことが決定的となって中世には繁栄を謳歌した。その後、戦乱のために伽藍はたびたび焼失したが、豊臣秀吉によって復興され、いまある建築物の大半はこのときに再建されたもの。明治維新後の神仏分離によって廃寺となり、明治八年（一八七五）に天台宗に属す寺として再興され、今日に至っている。

熊野修験

◎青岸渡寺「願文」

謹ミ敬テ　祕密教主大日如來　兩部界曾諸尊聖衆外金剛部護法天　大聖大悲不動明王　金峯山寺蔵王堂本尊金剛蔵王大権現大峯八大金剛童子　高祖神變大菩薩　大峯滿山護法善神別シテハ
天照大神當所鎮守大神　總ジテハ大日本國中大小ノ神祇　及ビ一切三寶慈悲ノ境界ニ白シテ言ク
伏シテ惟ルニ
熊野大峯吉野ト云者　金胎兩部ノ淨刹　無作本有ノ大曼荼ナリ　海内無双ノ靈山ニシテ　亦タ修驗根本ノ大道場ナリ
茲ニ
世界遺産登録ユネスコ憲章讃同事業修驗道大結集ニ當リ熊野修驗講中　採燈大護摩供ヲ修シ奉ル
仰ギ願クハ
此ノ淨業ノ功徳ニ依テ修驗興隆　地球平穏　世界平和ノ巨益ヲ施シ給ハンコトヲ
重テ乞フ
　天下泰平　風雨順時　萬民快楽　百穀成就　殊ニハ　總本山金峯山寺　熊野修驗講中一同　竝ニ本日参詣ノ各々

家内安全　身體健全　七難即滅　七福即生　息災延命　交通安全
商賣繁昌等諸願ヲ成就セシメ給へ
乃至法界　平等利益
平成十六年九月十二日
　那智山青岸渡寺
　　熊野修驗亮英　謹ンデ白ス

金峯山寺会式協賛会

9月23日

修験道大結集「平和の祈りの大護摩供」の第七回目は九月二十三日、金峯山寺会式協賛会の主催により行われた。

金峯山寺会式協賛会とは、同寺で執行される花供会式や蓮華会など、金峯山寺の伝統法会執行の出仕協賛にかかわる金峯山寺配下の山伏たちで組織された会であり、山伏法会の多くを担っている。

この日の修験道大結集「平和の祈りの大護摩供」は、五條順教管長猊下や各執行が随喜する中、同会の辻野快順会長の大導師の下、約四十名の協賛会を中心とした金峯山修験大衆が出仕して厳修された。

当日は、まず午前中に通年通り協賛会の物故者慰霊追善法要が仏舎利宝殿において、常行三昧法要をもって厳修された。そして法会の後、山伏装束に衣体を整え、午後一時からの平和の祈りの大護摩供修法となった。

大結集⑦

会式協賛会祈願文

謹しみ敬て、本尊界会教主摩訶毘盧遮那如来、金胎両部諸尊聖衆三世常住金剛蔵王大権現大聖不動明王、七大八大金剛童子部類眷属金峰、熊野等修験擁護諸天善神、総ては日本国中三千餘座、大小の神祇に申して曰さく。この度、吉野大峯並びに大峯奥駈道が世界遺産登録されたのを慶賀して、ユネスコ憲章賛同事業「平和の祈り大護摩供」厳修に当たり金峯山寺会式協賛会々員が発願して、金峯山寺蔵王堂御宝前に於いて、新たに祭壇を設けて、香華燈燭を整え、慶讃採燈大護摩供を世界平和と人々の幸せを願い修し奉る。伏して願わくは、

天下泰平　五穀豊熟
家内安全　正法興隆
息災延命　心願成就
如意円満　皆令満足

維持

平成十六年九月二十三日

会式協賛会々長

真教院　快順　敬白

大結集⑧

広島県尾道市因島中庄町

験乗宗総本山光明寺

9月26日

修験道大結集「平和の祈り大護摩供」の第八回目の修法は九月二十六日、広島県尾道市因島にある験乗宗総本山光明寺の出仕により行われた。

法要は午前十時より蔵王堂大護摩供道場にて松浦恵観総本山光明寺座主猊下大導師の下、五條順教管長猊下はじめ各執行らが随喜する中、八十九名の験乗宗修験大衆により大護摩供が厳修された。

この日は光明寺開山以来初めて吉野山で修法される大護摩供とあって、地元広島県を中心に全国各地より、大型バス四台をしたてた信徒等約二百名が参列し、法悦の護摩供修法に随喜した。

験乗宗は、広島県・因島の農家の二男として生まれた開祖の松浦観舜大阿闍梨が、昭和初期に、伊予国峰石土山石中寺の第六十八世住職だった小笠原観念大和尚から、修験道の法脈を伝承し、宗教結社を組織したことにはじまる。

昭和十四年に宗教団体法により、天台宗寺門派因島石土教会を創立。

第二次世界大戦後、天台寺門宗総本山園城寺の法燈を継承して、宗教法人令により光明寺を設立した。

昭和二十二年、この光明寺を根本道場として、天台系本山派修験道の一派験乗宗を立教開宗し、その総本山となって、今日に至っている。

総本山光明寺をはじめ広島県、愛媛県、山口県を中心に寺院、教会があり、在家にあって僧として自給自足で生きていく「半僧半俗」の修験道を教えとしている。

奉修採燈大護摩供之事

一天泰平　四海安穏
佛日増輝　験門興隆
本尊諸尊　倍増威光
金剛蔵王　吉野権現
威光増益　諸人快樂
神変大士　世界平和
諸天善神　鎮護国家
列祖先徳　各霊追善
帰依信者　家内安全
除災招福　参詣大衆
各願成就　如意円満
乃至法界　平等利益
右抽丹誠奉祈祷之由状依如件

採燈師
験乗宗　総本山　光明寺
座主　恵観　敬白

大峯山護持院 櫻本坊

10月1日

修験道大結集「平和の祈りの大護摩供」の第九回目となる法会は、十月一日午前十一時より金峯山修験本宗別格本山・大峯山護持院櫻本坊の出仕により厳修された。

大護摩供は、巽良仁櫻本坊住職の大導師の下、五條順教管長猊下や各執行が随喜して、約百名の櫻本坊配下の修験者により盛大に営まれた。

金峯山修験本宗末の櫻本坊であるが、近年、蔵王堂境内での大護摩供は行じられておらず、世界遺産登録記念の「修験道大結集」という勝縁を以って行じられることとなった今回の祈りの大護摩供は、平和祈願の意義を大いに高めることとなった。

大結集⑨

奈良県吉野町吉野山

櫻本坊は大峯山寺を護持する護持院のひとつ。天智天皇十年（六七一）のある冬の夜、吉野離宮日雄殿にいた大海人皇子は、桜の花が咲き誇る不思議な夢を見た。翌朝、皇子が前方の山を望むと、そこには一本の光輝く桜の木があり、役行者の高弟・角乗に夢判断を命じる。角乗は「桜の花は日本の花の王。これは必ず殿下が天皇の位に登られるよい知らせでしょう」と答え、翌年、大海人皇子は帝位につき、天武天皇となった。天武天皇はその夢判断を大変喜び、夢にでてきた桜の下に一寺を建立。櫻本坊と名付け勅願所となし、角乗に賜わったという。

境内には「天武天皇夢見の桜」と名づけた桜木や、樹齢三百五十年を経たギンモクセイの巨木がある。この櫻本坊には白鳳期の銅造釈迦如来像（国重文）など多くの重要文化財が保存されている

大峯山櫻本坊
大峯山信徒會

◎大峯山櫻本坊祈願文

「奉修大峯秘法柴灯大護摩供祈願文」
謹み敬て　秘密教主大日如来金胎両部界会諸尊聖衆外金剛部
護法天本尊聖者金剛蔵王大権現七大八大金剛童子　大日大聖
不動明王　高祖神変大菩薩聖宝理源大師等大峰満山護法善神
　別しては　天照大神春日大神八幡大菩薩　子守勝手金精明
神　熊野十二社権現　総じては　日本国中大小の神祇　及び
　一切三宝の境界に言して白さく
方に今
総本山金峯山寺蔵王堂ご宝前この道場に於て　世界遺産登録
に当たり　修験道大結集　平和の祈り柴灯大護摩供を修し奉
る　伏して願わくば
天下泰平　万民安楽
風雨順時　五穀豊穣
世界平和　全国信徒一同本日参詣の各位
添護摩施主の各々　家内安全
息災延命　心身健祥
当病平癒　商売繁盛
交通安全　七難即滅
七福即生　心願成就せしめ給え
　乃至法界平等利益
維時平成十六年十月一日
　　大峰山　櫻本坊
　　　　第六十七世良仁　敬白

犬鳴山修験 大本山七寶瀧寺

大結集⑩

大阪府泉佐野市大木

10月24日

修験道大結集「平和の祈りの大護摩供」は十月二十四日、十回目となる法会を迎え、泉州犬鳴山修験の七寶瀧寺による平和祈念大護摩供が盛大に営まれた。

当日は、先ず道場内で金峯山寺の行者が問者となって待ち受け、七寶瀧寺の修験者が旅の行者となって両派による修験問答がくり広げられて開式となった。引き続いて七寶瀧寺の東條仁哲貫主の大導師の下、五條順教管長はじめ各執行などが随喜し、七寶瀧寺の修験大衆八十名による犬鳴山修験正統の柴燈大護摩供が厳修された。

修験道大結集にふさわしく金峯山、犬鳴山両派による法の交流があり、大変意義の深い法会となった。

また、この日の大護摩供は、七寶瀧寺の信徒等がバス二十台を連ねて来山し、総勢約千名が随喜する中で営まれる盛大なものとなった。

犬鳴山七寶瀧寺は、斉明天皇七年（六六一）に、役行者が二十八歳のとき開山したと伝える古刹で、葛城峯中の奥の院とも呼ばれ、葛城二十八宿修験根本道場として、千三百年以上の長きにわたり、修験道の法灯をたもっている。

役行者は、法華経二十八品の一品ずつを、各所に埋納して経塚をきずき、入峯修行者のために、二十八ヶ所の参籠行場をつくった。これを葛城二十八宿と呼ぶ。犬鳴山には、第八品の受記品が、燈明ヶ岳の頂上に納経されていて、いまも経塚大権現としてあつく信仰されている。

明治維新後の神仏分離令および修験道廃止令によって、大打撃を受けたが、高野山真言宗に属して入峯修行をつづけ、役行者以来の法灯を守った。

第二次世界大戦後、真言宗犬鳴派として独立。修験道復興の兆しが明らかになりつつある現在、葛城二十八宿修験根本道場として、活発な動きをしめす昨今となっている。

地球平穏・世界平和祈念　大護摩供願文

謹み敬て修験教主摩訶毘盧遮那如来、理智不二界會諸尊聖衆、殊に別ては本尊聖者倶利伽羅大龍不動明王四大八大諸忿怒尊、普現色身神変大菩薩、霊異相承理源大師総じては慧印曼荼羅一切の聖衆に白して言さく、夫れ以みれば柴燈護摩の密法たるや事理一体の妙法にして、轉禍為福の捷径たり。かるが故に之を信ずる者は無始以来の重罪を滅し、之に帰する者は離苦得楽の利益を蒙る。無病息災にして千秋萬歳の齢を保ち福寿円満にして春花秋月の楽を極む。誠に是れ、除災受楽の深法、諸願成就の大法なり。豈に之を信じざらんや。抑も元山上犬鳴山は葛城修験根本道場にして、高祖役の行者神変大菩薩、葛城修行に便ならしめんが為に葛城二十八宿を開き、一乗妙典二十八品を峯中各所に納めらる。当山には受記品第八を納経せられ、経塚を築造し給う。爾来、当山は葛城山の奥の院として葛城の先達は葛城巡行の砌り五月一七日間当山に逗留し、高祖遺法の大護摩を厳修し、以て国家安穏五穀豊饒諸人快楽の祈念祈祷を貫ぬかんとせり。誠に当山こそは本邦初期修験根本道場なると共に、天下国家の御祈祷所なり。茲に甲申歳十月二十四日吉野山金峯山寺金剛蔵王権現の御宝前に於いて、世界遺産登録記念、地球平穏・世界平和の修験道大結集に賛同し、葛城犬鳴山修験道輩下の先達と共に柴燈の密壇を構へ、祈りの大護摩供を厳修して祈願の成就を祈る。願わくば本尊聖者始め奉り、理智不二界會諸尊聖衆、曩祖神変大菩薩、中興理源大師等、末資が無二の丹誠を照覧して梵焼の法味を納受し、益々に威光を増長して摂化衆生の勝益を施し給へ。伏して乞う地球平穏　世界平和　一天四海　風雨順時　五穀豊饒　験門繁栄　万民快楽　殊には本日参詣の面々、家内安全　息災延命　子孫長久　福寿円満乃至法界　平等利益

維れ時に　平成十六年十月二十四日

葛城二十八宿犬鳴山修験道

法頭　大本山犬鳴山七寶瀧寺

第八十七世貫首　大僧正　仁哲　敬白

大結集⑪

当山派修験総本山醍醐寺三宝院

11月6日

京都市伏見区醍醐東大路町

ユネスコ憲章賛同事業・修験道大結集「平和の祈りの大護摩供」の第十一回目となる法会は、十一月六日午前十一時より真言宗醍醐派総本山醍醐寺三宝院、当山派修験の女性山伏により厳修された。

大護摩供は、醍醐寺田村照晃執行の大導師の下、金峯山寺五條順教管長猊下や各執行が随喜して、約四十名の女性山伏が出仕して盛大に営まれた。

醍醐寺は毎年六月に行じられる花供入峰に際し蔵王堂へ参拝されているが、女性行者による大護摩供修法は初めての修行であり、「修験道大結集」の意義がより一層高められるところとなった。

（醍醐寺の由緒沿革については一一三頁に掲載）

願文

謹ミ敬ッテ真言教主大日如来両部界会諸尊聖衆殊ニ別テハ本尊聖者大日大聖不動明王四大八大諸大忿怒金剛蔵王胎蔵権現役君聖者神変大菩薩聖寶理源大師総ジテハ金峯・熊野両山鎮守諸守諸大神祇ヲ始メ奉テ一切三實ノ境界ニ白シテ言サク夫レ以ミレバ柴燈護摩ノ密法タルヤ事理一体ノ妙法転禍為福ノ捷徑ナリ。故ニ之ヲ信ズル者ハ無始以来ノ重罪ヲ滅シ、之ニ帰スル者ハ離苦得楽ノ利益ヲ蒙ル。無病息災ニシテ千歳萬秋ノ齢ヲ保チ、福壽円満ニシテ春花秋月ノ楽ヲ極ム。誠ニ是レ除災受楽ノ深法諸願成就ノ大法ナリ。豈ニ是レヲ信ゼザラン乎。

本年役君開創以来千三百有余年ノ霊場ハ「紀伊山地ノ霊場ト参詣道」トシテ世界遺産ニ登録セル。正ニソノ心一朝ニシテ山野ニ輝キ法鼓一夜ニシテ世界ニ響カシ是ニ依リ當山派修験ノ法水ニ俗スル女人行者、心ヲ一ニシテ当所ニ密壇ヲ構エ大護摩ノ秘法ヲ修シテ四海太平世界平和ヲ懇祈シ奉ル。仰ギ願クハ本尊聖者ヲ始メ奉リ二界ノ諸尊金剛蔵王大権現曩祖中興二大師等末師ガ無二ノ丹誠ヲ照覧シテ焚焼ノ法味ヲ納受シ益ニ威光ヲ増長シテ摂化衆生ノ勝益ヲ施シ給エ。

伏シテ乞ウ

一天四海　風雨順時　世界和平　萬民豊楽

殊ニハ本日参詣ノ面々

心身健勝　息災延命　子孫長久　福寿円満　乃至法界　平等利益

維時平成十六年十一月六日

當山派修験女人先達一統　敬白

日祈願護摩供
修法中

大峯山護持院東南院

11月14日

修験道大結集「平和の祈りの大護摩供」は十一月十四日、十二回目となる法会を迎え、金峯山修験本宗別格本山で大峯山護持院東南院による平和祈念大護摩供が、同院の信徒等約五百名が随喜する中、盛大に営まれた。

東南院による平和の祈り大護摩供は、同院が主催する毎年恒例の大祭、役行者報恩謝徳大祭・慶讃採灯大護摩供を以て厳修された。

当日は天候にも恵まれ、正午に出仕の山伏約八十名が行列を組んで東南院を出発。管長猊下名代として西畑良芳執行が随喜する中、五條良知東南院第八十八世住職の大導師の下に修法され、特別祈祷が念ぜられると共に、出仕した多数の山伏によって世界平和への想いをこめたたくさんの祈願の護摩木が梵焼された。

大結集⑫

奈良県吉野町吉野山

東南院は大峯山寺を護持する護持院のひとつ。役行者の開基と伝えられ、約一三〇〇年の歴史を有する。

日本の古い霊地霊山では、通常その中心をなす伽藍建立の際、巽（東南）の方角に一宇を設け、一山の興隆と安穏を祈念すると言われるが、東南院もそういった祈祷寺院のひとつである。

入唐僧日円上人を始め、累代高徳の僧を世に送り出し、木曾御嶽山の覚明行者もここで修験の奥義を極めた後、御嶽山を中興開山したと伝わる。

現在は金峯山修験本宗の別格本山であり、大峯山に入峯する修験者の指導や助法も行っている。

得度受戒
秘仏
御本尊特別

◎願文「世界平和祈念大護摩供」

謹み敬て本尊界会三世常住金剛蔵王大権現法界体性大日如来十方三世諸尊聖衆大恩教主釈迦世尊観音弥勒等の諸大薩埵迦葉龍樹等の諸賢聖衆殊には修験道開祖役行者神変大菩薩大聖不動明王七大八大金剛童子子守八社勝手若宮部類眷属金峯箕面葛城熊野等修験擁護諸天善神　総じては日本国中三千余座大小の神祇に申して曰さく

夫れ大峯山東南院は神変大菩薩の開基にして法燈連綿と伝え祈願の慈法広遠たる金峯山の祈祷道場なり

茲に役之大士の開山さる金胎両部の大曼荼羅　修験道発祥の道場吉野大峯が本年七月一日「紀伊山地の霊場と参詣道」の中心なる大聖地としてユネスコ世界遺産に登録さるは役之尊の法孫として大いに歓喜するものなり依って茲に国軸山金峯山寺金剛蔵王大権現御宝前の梵場に於て　平成十六年東南院大祭役尊報恩謝徳大護摩供を修し奉り　世界遺産登録を記念慶賀し修験道大結集平和の祈りに賛同するを以て神変大菩薩に赤誠を奉じ　もって本尊法楽に供え奉らんとす

併せて茲に　台風地震等の自然災害消除を祈念し災害復興を本尊に頼むものなり

仰ぎ願わくは、本尊聖者諸尊聖衆、今此の道場に降臨影向して法味を餐受し功徳を証明せしめ玉へ

伏して願くは

天下泰平　地球平穏

世界平和　災害消除

復興成就　五穀豊熟

万民安楽　験門興隆

法輪常転　仏子行者等

善願成就　仏果増進

参拝者各々祈願者各々

家内安全　身体健全

心願成就　如意満足

乃至法界　平等利益

維時　平成十六年十一月十四日

大峯山護持院

東南院　敬白

大峯山護持院
喜蔵院

2005年3月6日

ユネスコ憲章賛同事業・修験道大結集「平和の祈りの大護摩供」の十三回目となる法会が、三月六日午後二時より本山修験宗別格本山で、吉野山にある大峯山護持院の喜蔵院により厳修された。

大護摩供は、中井教善住職の大導師の下、金峯山寺五條順教管長猊下や各執行が随喜し天候にも恵まれる中、約二百五十名の修験大衆が出仕して盛大に営まれた。

当日は、喜蔵院として初めて蔵王堂で修法される護摩供であることから、多くの人々が参拝し、歓喜の読経の声が堂内に響き渡っていた。修験各派合同による「修験道大結集」の意義が大いに高められた大護摩供となった。

大結集⑬

奈良県吉野町吉野山

喜蔵院は大峯山寺を護持する護持院のひとつ。智証大師の創建と伝えるも、寺歴の詳細は不明で、『本光国師日記』の慶長十八年（一六一三）三月五日条に、喜蔵院の名が歴史上初めて登場する。

修験道本山派の先達で、聖護院宮の大峯修行の際には、その宿坊となった。

現在も本山修験宗の別格本山として、役行者を本尊と祀り、脈々と修験道の歴史を今に伝えている。

江戸時代中期には、儒者熊沢蕃山が、由井正雪の乱の疑いを受けてここに隠れたといわれ、庫裏の前には蕃山の歌碑が立つ。また、絹地に三十六種の桜を描いた〃桜の譜〃がある。

現在は宿坊であり、ユースホステルも併設している。

護法山

喜蔵院願文

奉修世界遺産登録慶讃採燈大護摩供ノ事
一天泰平　四海静謐
國土安穏　庶人快楽
本尊諸尊　威光増益
神変大士　報恩謝徳
大峯修験　興隆発展
参詣道中　修行安全
信徒一同　各願成就
乃至法界　利益周遍
右抽丹誠謹而令祈念ノ條仍而如件
平成十七年三月六日
大峯山護持院喜蔵院現住
正大先達教善　敬白

大峯山護持院 龍泉寺

3月27日

大結集⑭

奈良県天川村洞川

修験道大結集「平和の祈りの大護摩供」は三月二十七日、十四回目となる法会を迎え、真言宗醍醐派、大峯山護持院龍泉寺による大護摩供が、岡田悦雄住職の大導師のもと、同寺の山伏約四十名が出仕して営まれた。

当日は天候にも恵まれ、洞川から上山した約二百五十名の龍泉寺壇信徒を含め、約八百名にのぼる信徒等で蔵王堂境内は埋め尽くされた。

大護摩供は金峯山寺五條順教管長猊下をはじめ、各執行らも随喜する中、同寺によって集められた二千本のエアメール護摩木が梵焼されて盛大に厳修された。

龍泉寺が吉野山蔵王堂御宝前において護摩供を修法されたのは今回が初めてであり、大結集にふさわしい意義のある盛儀であった。

龍泉寺は大峯山寺を護持する護持院のひとつ。役行者が修行中、洞川のほとりに八大龍王尊を祀り、行をしたのが、龍泉寺の始まりと伝えられる。

後に、聖宝（理源大師）により再興され、名実共に修験道の根本道場となった。修験道では、大峯山全体を修行の場とし、龍泉寺も大峯山の一部に建てられているとして、大峯山内道場と呼ばれる。

境内龍の口より湧き出る清水は、大峯山の水行場として名高い。大峯登山の修行者は宗派を問わず、まず龍泉寺に詣で、水行の後、本尊弥勒菩薩・八大龍王尊に道中安全を祈ってから登山するしきたりになっている。

龍泉寺修法修験道大結集祈りの大護摩供願文

謹み敬て修験教主摩訶毘盧遮那如来理智不二界会諸尊聖衆、殊に別いては、本尊聖者金剛蔵王大権現、峯中擁護十五金剛童子、大日大聖不動明王四大八大諸大忿怒、総じては普賢色身神変大菩薩、霊異相承聖宝理源大師、大峯総鎮守八大龍王等、盡空法界一切三宝の境界に白して言さく。

伏して惟れば、金剛蔵王大権現と者、去んじ白鳳年間、修験曩祖神変大菩薩、済生利益の爲に祈請感見せし末代相應・悪魔降伏の菩薩也。青黒忿怒の相は諸大忿怒をも畏れしめ、勇趯の隻脚は阿字の地大盤石を踏まえ、三密瑜伽の大三鈷杵をキャ字の大空に示す。本地を尋ぬるに、釈迦・千手・彌勒慈尊、三仏一体の応身を現す也と。即ち三仏の内證堅固にして三身萬徳を一身に蔵し、慈悲利生自在なるを顕明す。

茲に大峯山内道場龍泉寺行者一同相集うて、吉野・大峯各聖地が世界遺産に登録せらるを記念慶祝し、総本山金峯山寺蔵王堂御宝前に於いて柴燈の密壇を築き、修験道大結集祈りの大護摩供を厳修、以て地球平穏・世界平和を祈念し奉る。

仰ぎ願わくは、本尊権現金剛蔵王忿怒王、修験曩祖神変大菩薩、末資が無二の丹誠を智見して無魔成就の勝計を廻らし給え。

伏而乞う。日月晴明・風雨順時・世界和平・萬民快楽。

金峯山修験本宗総本山金峯山寺、寺門興隆・伽藍安穏・信徒一同各々安全。

殊には本日参詣随喜の面々並びに添護摩の施主、家内安全・家運隆昌・身体健勝・息災延命・交通安全・當病平癒・諸願成就・乃至法界・平等利益。

維時　平成十七年三月二十七日

當山派修験

大峯山龍泉寺　敬白

大結集⑮

日光修験道山王院

4月24日

栃木県鹿沼市日吉町

ユネスコ憲章賛同事業・修験道大結集「平和の祈りの大護摩供」の十五回目となる法会は、四月二十四日午前十一時日光修験道山王院の出仕により、顕密採灯護摩の秘法を以って厳修された。

このたび行われた大護摩供は、日光修験道・伊矢野美峰法頭の大導師の下、同修験大衆出仕により、金峯山寺五條順教管長猊下や各執行が随喜して、盛大に営まれた。

当日は日光修験において初めての招請を受けての蔵王堂での護摩供修法であることから、遠く関東一円の日光修験者が参集し、多くの信徒の方々も随喜参拝され、喜びの読経の声を響かせていた。

日光修験道の歴史は、遠く天平時代、勝道上人の開山に始まり、弘法大師の来山、慈覚大師の来錫、さらに鎌倉時代初期に弁覚法印により大峯熊野の法流（開祖役行者）の伝来によって、円教、密教、修験道（二教一道）の霊山として威光を振るってきた。

明治の廃仏毀釈によって大打撃を受けるも、日光山輪王寺に、その行儀法脈が伝持され、現在も、日光山独自の顕密護摩などが伝えられている。

昭和六十年代より、約百年ぶりに入峰修行が再興され、日光修験道は現に「生きた修験」として活動を続けている。

山王院は日光修験道を護持するため、修験のサンガ（集い）として日光山輪王寺の支援のもとに、春峰・夏峰・秋峰の入峰修行を実施し、その他に修験の伝法や加行、及び講習を行っている。

高祖会大法要
十一時執行
蔵王堂
御本尊特別開帳中
拝観受付

日光修験山王院願文

謹み敬って修驗教主摩訶毘盧遮那如来、金剛胎蔵両部界會諸尊聖衆、特に別しては、本尊界會大峯鎮護金剛蔵王大権現、大日大聖不動明王四大八大諸大忿怒、普現色身神変大菩薩、熊野十二社、日光三所、驗門列祖、総じては日本国中大小神祇、三界護法、一切三宝の境界に白して言さく

夫れ、修驗道といっぱ、自受法楽の内証、即身頓悟の宗旨なり。故に、金胎順逆の峰に入り、十界一如の妙理を覚り、色心不二を観じては三身即一の深義を証す。往昔高祖役行者、箕面の龍窟に入り龍樹大士の印璽を受け、大峰湧出の岳に金剛蔵王を祈り顯す。以って国土安穏、衆人快楽の行儀を定め、修驗の法燈連綿として、列祖先達之を傳う。

而と雖も、明治に至り愚王、愚民、亜世の輩、先賢の教えに背き、佛法を廃し、魔道を弘め、修驗甚深の大法退転す。世にいう廃佛毀釈これなり。これを以って護法の諸天、守護国土の善神この国を離れ災害、疫病、戦雲起こり、国敗れ、民苦を受け、今に至るまで人心乱れ、国土荒るること金光明経、仁王経に佛の説き給うが如し、哀哉、傷哉。

當に今、大和国金峰山蔵王権現御宝前、此の道場に於いて、日光修驗の衆徒等、底壇顕密採燈護摩の秘法を修し、吉野大峯熊野世界遺産登録奉祝、修驗隆盛、国土安穏を祈祷し奉る。

惟るに、顕密とは、圓満の佛法、晃岳不共の深法。採燈といっぱ、小木梵焼、帰入佛地の謂にして龍樹相承の深義、役君伝燈の極秘也。

壇灯圓形は天に象り、金剛バン字の智体を表はし、灯壇方形は地に則り、胎蔵ア字の理相を示す。即ち、五佛の三昧に住しこれを修す。東方阿閦の木を、西方弥陀の金を以ってこれを切り、中央大日の大地に積み、南方宝生の火を放ちこれを焼き、北方釈迦の水を洒いでこれを消滅す。

嗚々　尊哉　貴哉

甚深秘密の極位也。仰ぎ願くは大峰界會、金剛蔵王、満山諸神、末資が丹誠を知見照覧し、法力を合わせてすみやかに感応を垂れ、霊驗現前、悉地成就せしめ給へ。

伏して乞う

天下泰平　四海静寧　風雨順時　国土安穏　兵戈不起
万民快楽　修驗興隆　伝統護持　日本国　国運隆昌
信心各位　除災與楽　乃至法界　平等利益

宇時　平成十七年乙酉歳　四月廿四日

日光修驗傳灯位正大先達　　頂覺院美峰　敬白

大結集⑯

伊吹山修験 大乗峰伊吹山寺

4月29日

滋賀県坂田郡伊吹町

修験道大結集「平和の祈りの大護摩供」は四月二十九日、十六回目となる法会を迎え、伊吹山修験、天台宗大乗峰伊吹山寺による大護摩供が、吉田慈敬住職の大導師のもと、同寺有縁の山伏や天台宗、日蓮宗の僧侶ら約四十名が出仕して営まれた。

当日は天候にも恵まれ、各地から来山された吉田住職有縁の壇信徒等百名が参拝される中、金峯山寺五條順教管長猊下はじめ各執行も随喜して、盛大に厳修された。

伊吹山修験が復興後、吉野山蔵王堂御宝前において護摩供を修法するのは今回が初めてのことであり、大結集にふさわしい意義のある法会となった。

伊吹山は滋賀県と岐阜県の境にそびえる標高一三七七メートルの霊山。伝承では役行者が飛来したともいい、古代の修験道で重視された「七高山」に選ばれている。平安初期に、沙門三修がこの地に伊吹山護国寺を開創し、定額寺に認定された。

江戸時代初期には、仏像彫刻で知られる円空が伊吹山の行道岩で捨身行をおこない、十二万体造仏の発願をしている。江戸後期には、槍ケ岳開山の幡隆上人も参籠している。しかし、その後はふるわず、江戸末期には廃絶してしまった。

現在の伊吹山寺は、平成元年（一九八九）に、長浜市川道町の東雲寺の住職吉田慈敬師により、天台宗伊吹山修験法流として復興を遂げた。七十五日ないし百八日をとおして、登山道を登り下りする伊吹回峰行。不眠不臥の座禅を組む「常座三昧」。これらの修行を総称して伊吹禅定といい、新たな修験道のあり方を模索する日々がつづいている。

六月七日
高祖会大法要
十一時執行
於蔵王堂
御本尊特別開帳中

採燈護摩供祈願の文

謹み敬って秘密教主大日如来、胎蔵・金剛両部界会諸尊聖衆、外金剛部護法天等を始め奉り、大乗峰伊吹山本尊薬師瑠璃光如来、日光月光十二神将、大日大聖不動明王七大八大金剛童子別しては高祖天台智者大師、宗祖根本伝教大師、叡岳行門始祖南山建立大師、元三慈恵大師、慈眼大師、殊には、大乗峰開基役行者神変大菩薩、泰澄大師、三修上人、円空上人、幡隆上人、得詮大僧正等諸尊霊、総じては尽空法界一切の三宝の境界に白して言さく。

方に今、三世常住金剛蔵王大権現示現されし金峯山この浄域に於いて国連教育科学文化機関により「紀伊山地の霊場と参詣道」が世界文化遺産と登録されし慶讃賛同の事業として修験者による地球平穏・世界平和「祈りの大護摩供」を厳修される事あり。抑も金峯山は白鳳年間、役行者神変大菩薩の御開山にして、国体の中軸なりし霊山なり。爾来一千三百年、度重なる盛衰ありと雖も行基菩薩を始め歴代諸大徳の精進努力により法灯を護持し給いて、本邦修験道の中心道場として内外にその名は聞こえたり、今般の大業もまた、金峯山教徒一丸となりし、大偉業なり。

本日茲に、伊吹山修験道、招請を受け、金剛蔵王大権現御宝前において降魔徐障の採燈大護摩の法を修す機を与えらる。然りと云えども伊吹に名在りと雖もその実は乏しく。衆力を願い、所縁の天台衆僧、日蓮衆僧、先達・修験大衆の出仕を請じ、斎戒沐浴し祭壇を設け香華燈燭を整え御宝前にて採燈大護摩供一座を厳修す。

夫れ惟れば、採燈大護摩の秘法は理事一体の妙法にして、転禍為福の基なり。故に之を行ずるの人は無始以来の重罪を滅し、之に帰信するの人は抜苦与楽の利益を得。誠に是れ七難即滅・頓悟頓証の深法、諸願成就の大法なり。豈之を信ぜざらんやと。

仰ぎ願わくは本尊聖者諸尊聖衆、今此道場に降臨し此の処を守護し凡夫具縛の善願を納受し給わん事を。

伏して願わくは

宝祚長久・国体安穏

地球平穏・世界平和

金剛蔵王尊功徳倍増

金峯山修験正法興隆

併せて伊吹山修験三宝紹隆

修験教信徒諸願成就

重ねて乞う、本尊聖者小衲が無二の丹誠を照覧し焚焼の法
味を納受し給へ。
志願旨深く啓白辞拙し
三宝知見し諸天洞鑑し玉へ
維時平成十七年四月二十九日
天台宗伊吹山修験道法流　慈敬謹白す

金峯山青年僧の会

5月15日

ユネスコ憲章賛同事業・修験道大結集「平和の祈りの大護摩供」も結願の六月三十日まであと残すところ数会。

第十七回目となる法会は五月十五日午後一時より金峯山青年僧の会が修法した。大護摩供は、徳永瑞幸会長の大導師の下、金峯山寺五條順教管長猊下や各執行が随喜して、約四十名の修験大衆と二十名の子供山伏が出仕して盛大に営まれた。

金峯山青年僧の会は、金峯山修験本宗に籍をおく、二十歳から五十歳までの青年修験僧侶の有志で集う青年会で、当年で結成十一年目を迎える。

当会の活動は多岐に及ぶが、実修実験を旨とし、菩薩道を極めるための修行会や研修を通じ、自己の研鑽と社会奉仕、青少年の育成事業に力を入れている。

大結集当日も、子供山伏の出仕を募り、多数が参加して行われ、また、当会が加盟する全日本仏教青年会の理事長や役員なども随喜して行われた。

大結集⑰

拝観受付
六月七日
高祖会大法要
十一時執行
於蔵王堂
秘仏
御本尊特別開帳中

▨金峯山青年僧の会平和の祈り採灯大護摩供之事

謹み敬て、本尊界会三世常住金剛蔵王大権現、法界體性大日如来、十方三世諸尊聖衆、大恩教主釈迦世尊、観音弥勒の本地三尊、迦葉龍樹等の諸賢聖衆、別しては修験道開祖役行者神変大菩薩、大聖不動明王七大八大金剛童子子守八社勝手若宮部類眷属金峯箕面葛城熊野等修験擁護の諸天善神総じては日本国中三千余座大小の神祇に申して日さく方に今、金峯山青年僧の会ら修行者が集い、吉野大峯並びに大峯奥駈道の世界遺産登録を慶賀して、妙法蓮華経不断経二昼夜を修行し、成満を迎えた今将に南閻浮提日本国大和国吉野山金峯山寺蔵王堂御宝前の梵場に於て金峯山青年僧の会行者、子供山伏らが相集い、再び道場を設けて、香華燈燭を整え、世界平和と人々の幸せを願いユネスコ憲章賛同事業「平和の祈り大護摩供」に参加し、大峯秘法採灯大護摩供を厳修し、以て本尊の法楽に供え奉る。伏して願わくは、

天下泰平　五穀豊熟
正法興隆　子供山伏
参拝諸人　家内安全
身体健康　息災延命
開運厄除　心願成就
如意円満　皆令満足

維持平成十七年五月十五日
金峯山青年僧の会々長
金峯山行者徳永瑞幸　敬白

天台寺門宗総本山三井寺

5月22日

大結集⑱

滋賀県大津市園城寺町

修験道大結集「平和の祈りの大護摩供」は五月二十二日、十八回目となる法会を迎え、天台寺門宗総本山三井寺による大護摩供が、福家俊明長吏猊下の大導師のもと、約六十名の修験大衆が出仕し営まれた。

当日は天候にも恵まれ、各地から来山された参拝者等数百名が見守る中、金峯山寺の五條順教管長猊下はじめ各執行が随喜して、午前十一時より盛大に厳修された。

三井寺は大峯奥駈順峰修行を全行程三年に亘って行じており、三年ごとに蔵王堂での大護摩供が修法されている。本年は蔵王堂参拝の年ではなかったが、大結集に合わせて、吉野山へ来山され、特別に一座修法される所となった。

三井寺の正式な寺名は園城寺。智證大師円珍を祖とあおぐ天台寺門宗の総本山として知られる。

修験道との関係は、開祖の智證大師円珍にさかのぼる。円珍は役行者の遺法を慕い、承和十二年（八四五）、三十二歳のときに、那智の滝に一千日の参籠修行を完遂。役行者の縁起相伝を受け、さらに熊野から大峰の入峰を果たした。

第五代天台座主となった智證大師円珍は、抜群の霊能の持ち主であり、また山林修行を好んだ事実から、修験道との関係が生まれた。

平安時代の後期には、三井寺の増誉大僧正が、熊野修験を統括する熊野三山検校になり、三井寺の修験はいよいよ興隆に向かった。鎌倉時代に、本山派と呼ばれる修験教団が成立したのちも、三井寺の修験は一大勢力をたもったまま、長きにわたり発展をつづけ、今日に至っている。

◎天台寺門宗奉修世界遺産登録慶讃採燈大護摩供之事

一天泰平　四海静寧
佛日増輝　寺門隆昌
本尊界会　倍増法樂
蔵王権現　功徳威力
神変大士　倍増威光
世界遺産　登録慶讃
五穀豊穣　萬民快樂
奥駈修行　圓満達成
参詣道俗　信心堅固
乃至法界　平等利益
右抽丹誠謹奉祈念之由状
依如件

平成十七年五月二十二日

採燈師修験検校正大先達

三井長吏　俊明　敬白

高尾山修験道
高尾山薬王院

5月24日

大結集⑲
東京都八王子市高尾町

修験道大結集「平和の祈りの大護摩供」の十九回目となる法会は、五月二十四日東京の高尾山修験道高尾山薬王院の修験大衆により修法された。

当日は午前十時から、薬王院大山隆玄貫首の大導師の下、修験大衆約三十名が出仕して、同修験の信徒等五十名が参拝する中でおこなわれ、金峯山寺五條順教管長猊下をはじめ各執行らも随喜して、盛大に厳修された。

薬王院は修験道復興後、毎年山上ヶ岳への参拝修行及び花供入峯、奥駈修行等を行っており、蔵王堂への参拝も続けられているが、境内の大護摩供修法は初めてのことであり、大結集の意義が大いに高められるところとなった。

高尾山薬王院は、奈良時代の天平十六年（七四四）に聖武天皇の勅命により、東国鎮護の祈願寺として、行基菩薩により開山されたと伝えられる。

その後、南北朝時代の永和年間（一三七五～七八）、当山派の醍醐山から俊源大徳が入山し、一山の守護神として飯縄権現を感得して中興した。それ以来、薬師信仰と飯縄信仰の霊山となり、東国修験の道場として、隆盛をきわめていく。

飯縄権現は、密教の霊的パワーの権化とされる不動明王の化身として、人々の救済に尽くすと考えられている。その正体は狐霊といわれる。

「飯縄法」と呼ばれる秘儀を伝えると軍神として、武田信玄や上杉謙信をはじめ、多くの戦国大名にあつく信仰され、また、この飯縄権現の随身（配下）として、天狗が使役されるため、天狗信仰の地としても名高い。

岩
岩

◎薬王院表白文

稽首帰命し奉る理智不二界会摩訶毘盧舎那如来三世一体常住法身金剛蔵王胎蔵大権現、八大金剛童子、大峰七十五靡所住の諸天冥衆、熊野三所大権現、子守勝手地主金精大明神、曩祖神変大菩薩、大峰中興醍醐根本聖宝尊師、乃至重々無盡満山界会当所棲神の一切三宝の境界に白して言さく

夫れ尋ね惟るに、当金峯山寺蔵王堂開山の根源と言者、天武天皇七年十月二十五日、役行者苦修練行忍苦の暁、金峯山上に於いて金剛蔵王大権現の応現を仰ぎ、末世相応護国利民の本尊としてその尊容を拝し遍くその威光を十方に轟かす

その霊威誓願広大甚重にして、その利益を蒙る深信の道俗の者、至るに一千三百二十五年の間、その数無量にして恒沙に等し

現に日本國六十余州に於いては、各々國御岳を設け、尊の威光を仰ぎ踵を接する者その数を知らず

殊に当山は大聖釈尊霊山開会法華一乗妙法常住説法の霊地、更には弥勒菩薩下生三会の浄土なり

遠く平城の都にありては本願聖武天皇大仏建立の志を扶け、平安の都に於いては道賢上人日藏に神意を託して、菅丞相の霊魂をして天満天神の威光を授けたり

将に上は神明、下は凡夫に至まで霊威赫々として現当二世の利益今に新たなり

是は之、当地は本朝唯一無二の霊峯と言うべしや

誰かその霊験を疑わざらんや

将に今日その神威遠く海外に及びて、平成十六年遂にユネスコ本部によりて世界人類共有の財産として世界遺産の指定を受く

茲に、今時世界の情勢を鑑みるに、世界各所に於いて戦禍の止まるところを知らず、人心の荒廃はその行方も知れず、正に六道の大海に混迷して生死解脱の縁は遠く、誠に安寧の日々は求め難し、生より滅に向かう事、是人類の定業なるか誠に悲しむべし

茲にユネスコは世界人類の平安と、来るべき未来への精神的遺産、心の財産として永く鎮えに伝えんが為、当地をしてかく定めたり

是れ偏に当山の霊異の為す所にして、人の所業に非ず

是によりてその慶賀を祝し

我が国唯一無二の霊峯の威光を広く國の内外に宣布せんが為、総本山金峯山寺の発願により、わが国修験道各々の本寺

に於いて長日不断の柴燈大護摩供を奉修し、世界人類の平安と験門の繁栄を祈らんが為一座勤修の法莚を企つ
この招請により茲に、本日大本山高尾山薬王院一山の修験者により山主を大祇師に仰ぎ、大護摩供の焚焼の法味を以て満山所住の諸天善神に捧げ奉る、至心に祈るところは本尊聖者御威光倍増、万国和平国内安泰、興隆仏法、験門繁栄、一切諸人二世悉地の諸願を祈念し奉る、請い願わくは本尊界会未資が一心の丹精の願念を照覧じて、現当二世の求願速疾に成就円満せしめたまえ

乃至法界　平等利益

平成十七年五月二十四日

大本山高尾山薬王院貫首

大僧正成満大先達　大山隆玄　敬白

金峯山寺高祖会大護摩供

6月6日

世界遺産登録記念、ユネスコ憲章賛同事業・修験道大結集「平和の祈りの大護摩供」の第二十回目となる法会は、六月六日午後三時半より金峯山寺高祖会前夜祭の慶讃大護摩供として厳修され、田中利典執行長の大導師の下、金峯山修験本宗の教師約六十名が出仕して行われた。

六月七日は開祖役行者の昇天された日に当たり、金峯山寺では毎年のこの日、役行者報恩謝徳のための高祖会大法要を営んでおり、その前日六日には前夜祭として慶讃大護摩供を執行している。

今回は「修験道大結集」の意義も合わせて行じられるところとなった。

役行者尊鑚仰採灯大護摩供之事

至心懺悔　唯願本尊
役乃大士　報恩謝徳
天下泰平　万民快楽
佛法興隆　験門勃興
闔宗安寧　道俗和合
信者一同　除災与楽
宗徒各々　佛道成就
各願成辨　如意円満
乃至法界　平等利益
右抽丹誠祈念之条々　依如件
平成十七年六月六日
金峯山寺管領大僧正順教代修
宝勝院田中利典　敬白

大結集⑳

修法中
護摩供
六月七日
高祖会大法要
十一時執行
於 蔵王堂
秘仏
御本尊特別開帳中

大結集㉑

当山派修験総本山醍醐寺三宝院

6月9日

醍醐寺は山岳修行をめざす聖宝が、笠取山頂に建立した堂宇にはじまり、やがて醍醐天皇の勅願寺となり、山腹に大伽藍が造成されて繁栄をきわめるようになる。ちなみに山上伽藍を上醍醐、山腹伽藍を下醍醐とよぶ。

醍醐寺は奈良の東大寺との関係が深く、また東密小野流の拠点でもあった。さらに、聖宝以来、修験道とも密接な関わりをたもちつづけ、真言宗系の修験道「当山派」の本山である。

醍醐寺には塔頭も数多い。なかでも三宝院の歴代門跡は、醍醐寺座主として政治の世界にも辣腕を発揮、寺の隆盛に大きく貢献した。

毎年六月七日から九日にかけて行われる修験道関係最大の行事・三宝院門跡花供入峰には、全国から多くの山伏が参加し、大峯山の各行場で修行を行う。当山派修験道の根本道場といわれる秘所の小笹の道場では、柴灯護摩が焚かれる。

修験道大結集「平和の祈りの大護摩供」は結願直前の六月九日、二十一回目となる法会を迎え、当山派修験・真言宗醍醐派総本山醍醐寺による大護摩供が、麻生文雄座主猊下のご名代として田村照晃執行の大衹師のもと、約百名の修験大衆が出仕し営まれた。

当日は醍醐寺恒例の花供入峰修行での大護摩供修法となり、金峯山寺の五條順教管長猊下はじめ各執行が随喜して、午前十一時より盛大に厳修された。

醍醐寺では記念の入峰があるごとに、蔵王堂において柴灯護摩を厳修してきたが、今回は大結集に慶讃され、特別の一座を行じられるところとなり、全国各修験合同の平和祈願会の意義が大いに高められた。

大峯山花供入峯
御本尊特別開帳中

修験道大結集　祈りの大護摩供願文

謹ミ敬ッテ真言教主大日如来　理知不二界会諸尊聖衆　殊ニ別テハ本尊聖者大日大聖不動明王　四大八大諸大忿怒　總ジテハ大峯八大金剛童子　葛城七大胎蔵童子　金剛蔵王大権現　普現色身神変大菩薩　霊異相承理源大師等　最勝恵印曼陀羅一切三宝ノ境界ニ白シテ言サク

夫レ以ミレバ金峯山寺ト者　役君聖者神変大菩薩　済世利人ノタメニ葛城大峯両山ニ苦修練行　山上ヶ岳ニ於テ金剛蔵王大権現ヲ感得　以ッテ之ヲ自ラ刻ンデ山上山下ニ安置　コレニ依ッテ大峯金峯ノ草創トナリ修験道ノ聖地トナル。

中ニ聖宝理源大師　役君聖者ノ道風ヲ継イデ金峯ノ堂宇ヲ修復シ諸尊仏像ヲ造立シテ霊威ノ名声ヲ確立シ又入峯練行ノ同人ノ為ニ「六田ノ渡シ」ヲ設立サル。

爾来壱千百有余年入峯修行の道　嫡々相承シ抖擻ノ徒続々トシテ絶エズ修験ノ法燈一朝ニ輝キ普ク四海ニ満チタマウ

将ニ今大衆老若男女念フコトハ人身ノ安寧ト世界ノ和平茲ニ験門一同心ヲ一ニシテ世界平和祈願ノ為　先規ニ基キ當道場ニ柴燈大護摩ノ秘法ヲ修ス

即チ柴燈ノ法煙金峯ノ山河ヲ覆イ法悦伽藍満堂ニ漂イ以ッテ報恩謝徳ノ満一ヲ凝シ奉ル　仰ギ願クバ本尊聖者ヲ始メ奉リ　二界ノ諸尊　両山鎮座ノ十五童子　金剛蔵王大権現　大峯開山中興二大祖師等　末資ガ微志ヲ納受シ　益々威光ヲ増長シ摂化衆生ノ益ヲ廻シタマエ

重ネテ乞ウ

日月晴明　風雨順時

国土安穏　世界和平

殊ニハ

興隆密教　験門繁栄

萬民豊楽

乃至法界　平等利益

維持平成十七年六月九日

當山派修験法頭

總本山醍醐寺座主

大本山三宝院門跡

大僧正　文雄　敬白

大結集結願
大峯山寺

6月30日

「紀伊山地の霊場と参詣道」世界遺産登録を機縁に発願された修験道大結集「平和の祈り大護摩供」は、二〇〇五年六月三十日、ついに結願の時を迎え、聖護院、醍醐寺、三井寺など大結集参加寺院総出仕のもとに、一乗菩提峰・大峯山寺の修験衆徒の手によって厳かに結願大法要が執り行われた。

この日午前十一時、吉野山上千本・竹林院に集合した護持院住職や大峯山寺阪堺役講社、修験大衆など三百余名による山伏行列が、大峯山寺山旗や役講社の高張り提灯を先頭に進列し、時を同じくして、吉野山下千本駐車場に集結した金峯山寺や犬鳴山修験大衆二百三十名をはじめとする大結集参加寺院配下の出仕行者約四百名も蔵王堂に向かって出発した。

正午前、蔵王堂庭前の大護摩供道場で両者一同が合流。その中を金峯山寺本坊より出発した金峯山寺五條順教管長猊下や薬師寺安田暎胤管主猊下をはじめとする、修験道大結集参加寺院代表者が入道場し、平和の祈りの結願大護摩供が始められた。

道場では、東南院徒弟清水隆泉師の法弓作法に続き、法剣は櫻本坊徒弟高井良勝師、法斧は龍泉寺徒弟大塚静弘師各護持院末の行者らの作法がそれぞれの流儀で行じられ、龍泉寺岡田悦雄大峯山寺年番副住職が祈願文を読み上げると、喜蔵院中井教善年番住職大導師の下、荘厳に平和の祈りの大護摩供が厳修されたのであった。

また護摩供本尊壇半ばにて、アメリカやフランス、ネパール、インドをはじめアフリカなど全世界から届けられた世界平和を祈る「エアメール護摩木」十万本の内、約二千本が、五條管長猊下や聖護院加来徳泉門主猊下など大結集参加の各代表者や本事業共催・後援団体代表者の手で大壇に投じられ、皆の心を一つにして世界平和への祈願を行った。

◎修験道大結集・大峯山寺平和の祈りの大護摩供結願願文

謹み敬て修験教主理智不二法身摩訶毘盧遮那如来、法爾自然大曼荼羅會中の諸尊聖衆、殊に別いては本尊聖者金剛蔵王大権現、峯中擁護十五金剛童子、大日大聖不動明王四大八大諸大忿怒、普賢色身神変大菩薩、総じては日本國中大小神祇等に白して言さく。

伏して惟れば、平成十六年七月「紀伊山地の霊場と参詣道」として吉野・大峯各聖地がユネスコ世界文化遺産に登録せらるを記念慶祝して御開帳されし金峯山寺蔵王堂御本尊秘仏金剛蔵王大権現は、開闢より以来本日茲に結願を迎えるに至るまで、厳格にして慈悲深き眼差しにてこの霊峰と我等が衆生とを見護り給う。同じくして廿余に及ぶ日本各地の修験本山・宗派各々、心を一つにして當霊地に結集、ユネスコ憲章賛同事業修験道大結集平和の祈りの大護摩供を厳修し、地球平穏・世界平和の祈りを捧ぐ。この間世界諸所より数万人もの願いを籠め集められしエアメール護摩木は、祈りの大護摩供によって梵焼され、それらが願意は護摩供の炎と共に蔵王大権現・神変大菩薩等諸尊の御許へと届けらるる。

茲に本日、吉野・大峯世界遺産登録記念、金峯山寺蔵王堂御本尊秘仏金剛蔵王大権現御開帳並びに、修験道大結集世界平和祈りの大護摩供結願に當たり、一乗菩提峰大峯山寺修験者信徒一同の心文に基づき當所に密壇を築き大護摩供を厳修、重ねて是まで當事業賛同、護摩供修し給う修験本山・宗派再度この地に結集し、共に久遠永劫なる地球の平和と人類の心の幸福を祈念し奉る。

仰ぎ願わくは、本尊聖者金剛蔵王大権現忿怒王、曩祖神変大菩薩、末資が無二の丹誠を智見照覧して、梵焼の法味を奉献し無魔成就の勝計を廻らし給え。

伏而乞う。日月晴明・風雨順時・世界和平・萬民快楽。本日結集修験本山宗派各々、験門興隆・伽藍安穏・威光倍増・信徒安全。殊には本日参詣随喜の面々並びに添護摩木の施主、家内安全・家運隆昌・身体健勝・息災延命・交通安全・當病平癒・諸願成就・乃至法界・平等利益。

維時平成十七年六月三十日

一乗菩提峰

大峯山寺　敬白

修験道と平和の祈り

地球平穏、世界平和。
その祈りのメッセージを、世界へ。
祈りのアートを、未来へ。

1

結願

世界遺産登録記念行事の終わりを告げる結願法要。歴史的な大結集は「平和の祈りのメッセージ」を世界に発信し、幕を閉じた。

結願法要

千巻心経を厳修

二〇〇五年六月二十九日。

修験道大結集結願法要の前日のこの日、大結集参加寺院の山主、代表者が蔵王堂に結集し、二日間にわたる結願大法会の開式となる千巻心経法要を厳修した。

法要は金峯山修験本宗の五條順教管長猊下の導師で、式衣に身を調えた各代表、金峯山寺関係役員や衆僧、各山の随行者らが随喜し、秘仏御本尊金剛蔵王権現御宝前で厳かに執り行われた。

一年間にわたって修験道史上未曽有の盛儀を展開した修験道大結集は、ここに最後にして最大のクライマックスの時を迎えた。

大峯山寺が結願の大護摩供

世界遺産登録を記念し、その奉賛行事として一年間にわたって展開された「修験道大結集」は、二〇〇五年六月三十日、フィナーレの日を迎えた。

平和の祈りの大護摩供の掉尾を飾るのは聖地・金峯山の山上に建つ大峯山寺。金峯山寺史上初めての秘仏本尊の一年間にわたるご開帳の最終日でもあるこの日、蔵王堂境内は二千人を超える山伏や随喜の参詣者で埋まった。

群参の人々が見守る中、大護摩供の炎がごうごうと天を突き上げて燃えさかると、世界各地から寄せられた祈りの護摩木が、山伏の手で次々と炎の中に投じられた。

見守る人々が合掌する。炎を取り囲んで読経する山伏の声が響きあい、祈りが天に昇っていく荘厳な一時が境内を支配した。

一年間、このようにして吉野から世界平和の祈りが発信され続けてきた。それが日本仏教史上、はじめてとなる修験道大結集だったのである。

大結集によって、修験道は平和を求めて修行し体を以って祈る宗教であることが広く世界に明らかにされ、その多神教的世界観が大きな関心を呼び起こした。

修験道の祈りは世界中に広がり、世界に届けられた祈りは再び吉野に、修験道に返されてくるだろう――この祈りの循環の中で、世界を浄化へ導くことが修験道の願いである。

立ちのぼる大護摩供の煙を浴び、燃えさかる炎に照らされながら、境内を埋め尽くした群参の人々の思いは、投げ込まれる護摩木に託されて空高く舞い上がり、大結集最後の大護摩供は終わりをとげたのであった。

記念式典

メッセージアート

結願法要に続く、結願の記念式典は太鼓の演奏で幕を開けた。太鼓集団「打打打団・天鼓」による大太鼓の音が、蔵王堂にこだまして、上下四方に響きわたる。

修験道大結集・吉野実行委員会を代表して五條順教金峯山寺管長の挨拶、来賓を代表して加来徳泉聖護院門跡と、日本ユネスコ協会連盟の的場道子理事が祝辞を述べた後、世界各地から寄せられた「エアメール護摩木」の志納金の一部が吉野ユネスコ協会の松阪三郎氏に贈られた。

再び、打打打団・天鼓による「平和の祈り」の太鼓演奏が披露されたあと、会場の特設スクリーンには今回の世界遺産奉賛行事・修験道大結集平和の祈り大護摩供の全容と、「黒田征太郎の平和の祈り・メッセージアート」のメイキング映像が映し出された。

メイキング映像では修験道大結集の最後にあたり、「平和のメッセージをアートに」というテーマのもとに進められた、イラストレーターの黒田征太郎氏による大絵馬の製作過程が紹介され、上映後、黒田氏と五條管長によって大絵馬の序幕が行われた。

幕が落とされると、つめかけた報道陣はもとより、多くの参詣者が一斉にカメラのシャッターを切り、式典はヤマ場を迎えた。

平和の祈りメッセージ

式典の締めくくりであり、一年間の修験道大結集の結願でもある最後のプログラムは、「平和の祈りメッセージ」発信である。

蔵王堂前に設置された特設舞台に、青年山伏三人が登壇、一人は女性山伏である。

それぞれが、メッセージのパートを朗読し、それが終わる

打打打団・天鼓の勇壮な太鼓で式典がスタート

黒田征太郎氏と五條管長による大絵馬の序幕

三人の青年山伏による「平和の祈りメッセージ」の朗読

と会場の全員が合掌をし、それを合図に法螺貝が吹き鳴らされ、さらに梵鐘の音が加わって全山に鳴りわたった。

交響する音に乗って、メッセージに託された祈りが、大気圏に放たれていったのである。

修験道大結集はこうして終わった。

じりじりと夏の陽ざしが照りつける暑さのなか、この日を境に再び見ることのできない秘仏・金剛蔵王権現に最後のお詣りをしようと、蔵王堂横の階段前には、順番を待つ参拝者が長い列を作った。

歴史的な結集が終わった金峯山寺は、本格的な夏を迎えようとしていた。

祝辞

加来徳泉 猊下

本山修験宗総本山聖護院門跡

参加者を代表して一言お祝いを申し上げます。

今般金峯山寺様の呼びかけに應え全國より修験各宗派の方々がこの主旨に賛同し、大勢の方々の参集を頂きました。そしてこの世界遺産登録奉賛の護摩供を始め諸行事が盛大に執り行われた事は、参加寺院の一人として誠に喜ばしい事に存じお喜び申し上げますと共に、實行委員會當事者である発案者として数々のご苦労が有ったと推察いたしまして心から感謝いた

します。

　さて今回、私達の先人が修行してまいった奥駈道を含む、熊野三山への道が紀伊山地の霊場と参詣道として世界遺産に登録され、日本精神文化として世界に位置づけられた事は修験者にとって大変喜ばしい事であり、本当に素晴らしい事でありました。

　修験各界では明治初年の法難から修験の行法が衰退、これを憂慮していた私共修験関係者は、昨年の世界遺産登録に弾みを付け、二十一世紀の新しい風に乗って、記念の行事を行ってまいりました。

　金峯山寺におかれては、本尊蔵王大権現のご寶前において、地球平穏世界平和祈願の大護摩を企画され厳修し、本日の満願までに数々の諸行事を達成され修験道の興隆に努められたご努力に対し、深く敬意を表します。

　私と致しましても、昨年行った聖護院宮入峰道の完全修行の初日に、駈入護摩として蔵王堂のご寶前で修法させて頂けた事は金峯山寺が天台末、聖護院が三井寺末の時代、昭和三年七月に昭和天皇御大典記念入峰護摩供として厳修して以来、七十七年ぶりの画期的なことであり本当に感謝致しております。

　私は、この期を大きな節目として全國の同じ修験の道を歩む者として大同団結し、修験の根本義とも云うべき、自利利他の菩薩行精神を世界に廣げる為、さらに心を一つにし、世界の平和と人類の和合を祈誓し、各宗団の発展と寺門の興隆を祈念いたしまして、私の祝辞と致します。

祝辞を述べられる加来猊下

野口 昇 氏

社団法人日本ユネスコ協会連盟理事長
（代理　理事・的場道子氏）

貴金峯山寺は吉野大峯並びに大峯奥駈道が紀伊山地の霊場と参詣道としてユネスコの世界遺産に登録されたことを記念して、昨年七月一日に地球平穏世界平和を祈念する修験道大結集平和の祈り大護摩供を発願されました。

一年にわたる平和への祈りは本日六月三十日を結願日と定められて、ここに盛大な大護摩供結願法要がとりおこなわれますことを心からお祝い申し上げます。

大峯奥駈道は山伏の修行の道として七世紀より今日に至るまで、日本独自の山岳民俗宗教修験道を日本に伝えてきました。

その吉野大峯から日本全国そして外国のユネスコクラブ関係団体にも護摩木が送られ、その一部が回収され今ここに炎となって、平和への願いが天に届くことを心からお慶び申し上げます。

平和へのメッセージが日本そして世界の各地から吉野に届いたことは、世界遺産登録地としての貴金峯山寺が平和に向けた積極的で具体的な行動が示されたことを力強く表していると思います。

異なる文化の相互理解をすすめ、平和を創りだそうとするユネスコ憲章の精神につながるこの一年間の大護摩供の多大な成果をご一緒にお慶び申し上げ、併せて世界遺産登録地として今後ますますご発展をされますよう祈念してお祝いの言葉とさせていただきます。

祝辞を述べられる的場理事

安田暎胤 猊下

法相宗大本山薬師寺管主

この一年間に亘りまして、蔵王大権現様の御開扉をされたと同時に、平和の祈りを続けてこられましたことに対し、尊いご盛儀だと敬服申し上げます。

私の寺は、創建当初は顕教の寺でありましたけれども、平安時代以後は八宗兼学の学問寺でございました。

また南都修験道として、毎年大峯山に登らせて頂いております。そこで私自身いろんな宗教者との対話をさせていただきながら感じますことは、どんな宗教も大きな違いがないということです。神、仏の名前は違えども、人間が信ずるものは、大きな違いはないのではないかと基本的に思っております。

昨年もイランに参り、イランのイスラム教の方とも話して参りました。

今年はまた、愛知万博でキリスト教、ユニテリアン、ユダヤ、イスラーム、神道、いろんな方々と『宗教者は文明の衝突を回避できるか』というテーマのシンポジウムに参加させて頂きました。

また昨年の八月初めには、比叡山サミットでもご挨拶させて頂きました。この一年間、私は数々の体験をさせて頂きました。

つい最近も、戦後六十年という大きな節目でありますので、二十日、二十一、二十二日と沖縄に参りまして、この第二次世界大戦の英霊の方々、あるいは住民の方々、三百数十万という多くの人々の犠牲者に対して、慰霊法要をさせて頂きました。

またこの八月の六日には、初めてでございますけれど、広島の原爆の式典にも出席させて頂く予定です。

二十世紀はまさしく戦争と文明の進歩の時代でありました。新しい二十一世紀こそ平和の世紀でありたいなと、そんなことを願っていた矢先に、ツインタワー事件に始まりまして、アフガン攻撃、あるいはイラク攻撃等ございまして、地域紛争が絶えません。

よく宗教戦争というような言葉

が言われますけれど、決して宗教は、どんな宗教も、人を殺せとは教えておりません。人の命を救え、貧しい人を助けよ、嘘を語るな等、同じことを説いているのでありまして、戦争の原因は他にあるのです。

しかし熱心な宗教者は、政治に利用されることがございまして、誤解を受けるのです。また日本の国内をみますと、物質的には豊かな国でありながら、自殺をする方、親子殺し、兄弟殺しが起こり、決して世の中は平和であるとはいえないと思います。

皆様方も御同感であろうと思いますけれども、衣食足りて礼節を知ると申しますので、本来ならば今の時代ほど礼節をわきまえた人が多くいなければいけません。

しかし現実はそうではない。戦後の日本の教育にも問題がありますけれども、やはりこれは宗教者自身が、我々自身の教化活動の怠慢ではなかったのかと考えます。

政治に責任を押しつけることなく、我々自身が、宗教者同士がもっともっと人々の精神的なリーダーにならねばならんのではないかと思います。

そういう意味におきまして、この一年間、意義ある立派なお仕事をされてこられました。

平和の祈りと共に、自然環境が破壊される今日、自然を守ろうとする発信をなさいました。日本全国に対して、あるいは世界に対しての大きなお仕事をされました。

こうしたことは、一年で終わることなく、これからもますます大事な仕事でございますので、啓蒙しながら、人々の精神的リーダーとして、お互いに努力させて頂きたいと思います。

満願を、明日、迎えられるにあたりまして、私どもも、良い、素晴らしいご縁を賜ったことを感謝申し上げ、お祝いの言葉とさせて頂きます。まことにおめでとうございました。

（六月二十九日前夜祭での祝辞）

"Prayer for World Peace to the Gods and Buddha We Believe in"

We, human beings, are inhabitants on the Earth.
It is not necessarily said that on the Earth or among all things in the universe human beings are especially superior or inferior to the others. All beings, all lives equally exist in this world.
However, we human beings forget this truth and we turn our back to this truth, and thus we have been committing a lot of sins and making a lot of mistakes by submitting ourselves to our desires until now.

Those sins and mistakes are as followsl
To get wealth and abundance by doing harm to the others and looking down on equally preciousbeings and lives,
To rank avalue oflife hierarchically and discriminate ourselves from the others by criticizing minor differences ofpeople abouttheir religion, races, history and culture,
To despise, oppress, and humiliate theothers and sometimes kill each other.
Endless environmental destruction, repeated acts ofterrorism and wars are all the results brought about.
Now we have to realize that there is no future beyond these such behavior, and also that we are taking the future away from our children and grand children.

The UNESCO Constitution says that "...since wars begin in the minds of men, it is in the minds of men that the defenses ofpeace must be constructed." It is right come to think of it. It is the heart of people that causes wars. It is not that any great invisible force makes effect.
And the World Nature Charter says that "Human beings are a part of Nature, ...and Nature heals people".
In order to rectify distorted minds of human beings, once again we need to humbly examine our deep relationship with Nature and reconsider it basically.

Shugendo Sect, who keeps ascetic practices in the mountains and fields, and offers prayers to the Nature and the Gods and Buddha around thereabout, has been practicing to take precautions against those sins and mistakes which lodge themselves in our minds, to purify ourselves through physical and spiritual ascetic practices, and to give rebirth to ourselves.
By contacting with the spirits ofthe Nature, Shugendo has helped cultivate respectful appreciation for mountains, trees, all creations and lives.
Furthermore Shakyamuni left us a message that "May all living things be happy."

The spirit of "Consideration to each other without being a slave to the past"; and
the spirit of "Forgiveness of each other with no blame".
It is to one ofJapanese Kaniicharacters "Jo" that is summed up the true spirit showing theway how human beings should be.
On the day when the annual memorial event for World Heritage should be finished, we would like to send the spirit of "Jo" to all over the world and to the future as the evidence ofour finishing prayers for "the Great Gathering of Shugendo-the Dai-Goma-Ku (the great holy fire offering) for World Peace" which has been being performed in agreement to the spirit of the UNESCO Constitution.
We declare that we continue to offer prayers for "Peace on the Earth and Peace of the World" by considering of all human beings beyond the difference ofreligion, race, history, and culture, by respecting all the beings, and by giving thanks to all Nature such as mountains, rivers, grasses, andwoodson the Earth, furthermore to all things in the universe and the Whole Being.

Yoshino Executive Committee for the Great Gathering ofShugendo

世界遺産登録奉賛行事・ユネスコ憲章賛同事業　修験道大結集「平和の祈りメッセージ」

〝人が信じる、すべての仏に、神々に、合掌〟

私たち人間は、地球の住人です。
その地球、そして大宇宙の森羅万象の中で、私たち人間は特別に優れているとか、
劣っているとか、そういうことはありません。
あらゆる命、あらゆる存在が、全て等しくこの世にあります。

しかし、人間はその真理を忘れ、今に至りました。
欲望を満たすことだけが生きる意味ととりちがえ、森羅万象をないがしろにする。
人間同士、些細な理由で互いをわけへだて、差別する。
宗教、人種、歴史、文化・・・。互いの価値観のちがいを、ことさらにあげつらい、
蔑み、妬み、争い、ときには殺し合う。なんとあさはかなことでしょう。

歯止めのきかない自然環境破壊、頻発するテロや戦争、すべてが、その結果です。
今、人間はみずから播いた災いの種に苦しめられています。
そして、この苦しみは、私たちの子や孫の世代まで、
そのもっと、ずっと先の世代まで続くのです。

「戦争は人の心の中で生まれるものであるから、
人の心の中に平和の砦を築かなければならない」とユネスコ憲章の中にあります。
禍の根源にあるのは、私たち一人ひとりの心です。
見えざる大きな力が働いているわけではありません。
この心を正すことなくして、地球に平穏は訪れません。

世界自然憲章の前文は「人間は自然の一部である」と語ります。
「自然は人間を癒す」とも語ります。
人間は、自然との深い関わりなしに、その歪んだ心を正すことはできないのです。

山に伏し、野に伏し、自然を、そこに坐す神仏を祈る修験道は、
そうした人間の心に巣食う罪、過ちを戒め、五体を通した修行の中で、
清め、再生することを実践してきました。
大自然の霊気に接することで、
山を、木々を、一切の存在、命を敬い、感謝する心を育んできました。
また釈尊は「すべての生きとし生きるものよ、幸いあれ」と述べました。

人と人は、過去にとらわれず、互いを思いやる。すべてを咎めず、許す。
その精神は「恕」の一文字に集約されます。
私たちは、世界遺産記念奉賛行事結願のこの日、ユネスコ憲章の精神に賛同して行った
「修験道大結集・平和の祈りの大護摩供」結願の証として、
この「恕」の心を、世界に、未来に発信します。
そして、地球上の山川草木、さらには大宇宙のありとしある全存在とともに、
宗教、人種、歴史、文化の違いを超え、すべての人間に、森羅万象の一切に、
「地球平穏・世界平和」への祈りを捧げ続けることを宣言します。

修験道大結集　吉野実行委員会

2 感謝

世界遺産登録記念行事は、多くの人々の協力のもとに行われた。その平和を目指す思いを、これからも共有し、共生していこう。

エアメール護摩木

世界各地から、それぞれの国の言葉で祈りや願いを書いて、直接金峯山寺へ届けてもらおうと二〇〇四年四月から始められた「エアメール護摩木」。

日本語のほか、英語、中国語、韓国語の四カ国語を印刷して作られた。広く世界に呼びかけを行い、電話やホームページで相談や問い合わせに応じる体制で臨み、

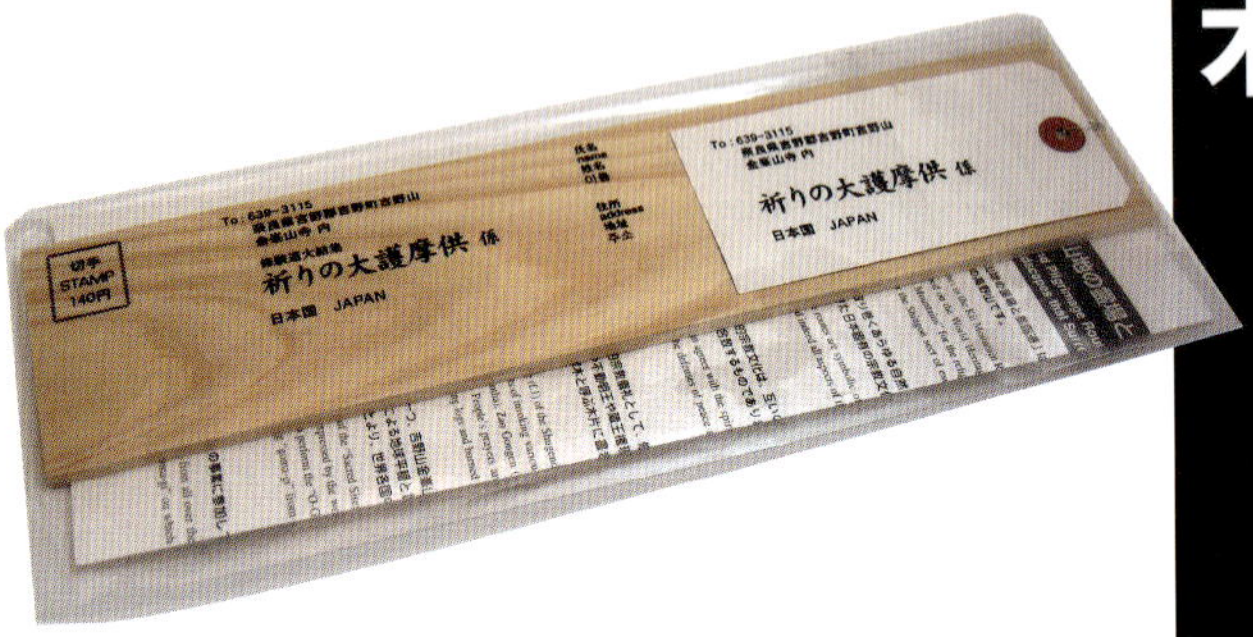

結願の二〇〇五年六月三十日の結願までに、日本国内はもとより世界中から十万本が寄せられた。主な国々は次の通り。

アメリカ
ベトナム
インド
モンゴル
ネパール
トーゴ
日本

エアメール護摩木勧進文

「紀伊山地の霊場と参詣道」・吉野大峯

"Sacred Sites and Pilgrimage Routes in the Kii Mountain Range, and the Cultural Landscapes that Surround Them" "Yoshino and Omine"

日本で12番目の登録となる「紀伊山地の霊場と参詣道」は３つの霊場と参詣道からなります。それは修験道の吉野大峯と、神道の熊野と、真言密教の高野山です。

The "Sacred Sites and Pilgrimage Routes in the Kii Mountain Range, and the Cultural Landscapes that Surround Them", which have become the 12th property inscribed on the World Heritage list in Japan, consist of three sacred sites and their pilgrimage routes. They are "Yoshino-Omine Mountains" for the religion of Shugendo (mountaineering asceticism) (*1), "Kumano" for Shintoism (*2), and "Koyasan" for the Shingon sect of esoteric Buddhism (*3).

これらの霊場は山や森など人間を取り巻くあらゆる自然の中に、神や仏といった人間を超えた聖なる存在を見いだす多神教的風土の中で育まれてきた日本固有の宗教文化といえます。

These sacred sites and their pilgrimage routes are symbolic of the pantheistic climate of Japan's religious culture, in which people see the mountains, the woods and indeed all aspects of the nature that surrounds human beings as holy beings, as Shinto deities and the Buddha.

あらゆるものに霊性を認める多神教的宗教文化は、互いの文化の違いを認め合うことで「人の心の中に平和の砦を築く」というユネスコ憲章の精神に合致するものであります。

The pantheistic religious culture of Japan agrees with the spirit of UNESCO constitution, "...since wars begin in the minds of men, it is in the minds of men that the defenses of peace must be constructed", in that it perceives divinity in all things and thereby accepts different cultures.

その多神教的宗教文化の一つの象徴的宗教儀礼として、修験道の大護摩供があります。大護摩供とは戸外に木の壇を組み上げ、火を焚いて、大日如来や不動明王や蔵王権現や火の神など、様々な神仏の降臨を念じ、人間の願いを捧げる祈りの儀礼です。願い事は護摩木と呼ぶ木片に書き入れ、火の壇の中に投げ入れて、燃やすことで祈りを捧げます。

"O-Goma-Ku", the great holy fire offering (f.1) of the Shugendo religion, is symbolic of this pantheistic religious culture. "O-Goma-Ku" is a prayer ritual which consists of invoking various Shinto gods and Buddhist deities, including the Cosmic Buddha (Mahavairocana), Fudo Myoo (Acalantha), Zao Gongen (Principal Image of Shugendo), and deities of fire, by burning logs piled and arranged in a double cross. People's prayers are written down on pieces of wood called "goma-gi" (f.2), and these "goma-gi" are thrown into the burning logs and burned to fulfill the prayers.

「紀伊山地の霊場と参詣道」のコアの一つ、吉野山金峯山寺では「人の心の中に平和の砦を築く」というユネスコ憲章の精神に賛同して、この大護摩供による地球平穏と世界平和を祈る「平和の祈りの大護摩供」を発願し、平和の祈りを捧げる護摩木を日本国内はもとより、世界各国中から募っています。

Kimpusenji Temple (*4), one of the cores of the "Sacred Sites and Pilgrimage Routes in the Kii Mountain Range", supports the spirit of the UNESCO constitution as expressed by the words "it is in the minds of men that the defenses of peace must be constructed". The Temple has decided to perform the "O-Goma-Ku" ritual offering a prayer for peace and harmony in the world. Kimpusenji Temple is now collecting "goma-gi" from around the globe containing prayers for peace and harmony in the world.

是非世界中の人々に、この平和への祈りの事業に参加して頂きたいと願っています。

We at Kimpusenji Temple hope that people from all over the world will participate in this prayer project for world peace. We are looking forward to receiving the "goma-gi" on which you have written your peace messages.

記念品

世界遺産奉賛行事の結願法要・記念式典で発信された修験道平和の祈りのメッセージを広く多くの方々に伝えるため、三つの記念品が制作され結願当日、参加者に配布された。

一つは、イラストレーターの黒田征太郎氏が今回のために描かれた散華、二つ目は平和の祈りのメッセージ「人が信じる、すべての佛と神々に、合掌」をデザインした吉野杉による根付け（二・三×一・八㎝、三協木工社制作奉納）、そして三つ目は㈱大広制作の記念式典で放映された映像のVHSテープである。また結願日当日の記念DVD（テレコープ制作）が、後日、参加者全員に届けられた。

参加・協賛・協力・スタッフ

【結願法要記念式典】

◎結集参加寺院（護摩修法順）

大峯山護持院竹林院
総本山金峯山寺
大本山薬師寺
総本山聖護院門跡
天台宗青岸渡寺
大峯山護持院櫻本坊
犬鳴山七宝瀧寺
大峯山護持院東南院
大峯山護持院喜蔵院
大峯山護持院龍泉寺
日光修験道山王院
天台寺門宗総本山三井寺
高尾山薬王院
総本山醍醐寺三宝院門跡
大峯山寺

◎招待参加寺社

総本山高野山金剛峯寺
役行者霊蹟札所会
善福寺
大日寺
弘願寺
吉野水分神社

◎主催

修験道大結集　吉野実行委員会

◎共催

吉野ユネスコ協会
奈良県ユネスコ連絡協議会
世界遺産吉野協議会

◎後援

社団法人日本ユネスコ協会連盟
日本山岳修験学会
奈良大学
吉野町
ＮＨＫ奈良放送局

【世界遺産登録記念事業特別奉賛会】

◎特別奉賛企業

近畿日本鉄道株式会社
奈良トヨタ自動車株式会社
岩谷物流株式会社
株式会社オーカワ

吉野竹之内林業

◎奉賛企業

南都銀行
奈良交通株式会社
奈良信用金庫
大和信用金庫
奈良中央信用金庫
株式会社明新社
美術工房雅
三協木工社

【世界遺産登録記念奉賛事業協力及びスタッフ】

◎開闢／結願法要・協力演奏

日本雅友会

◎結願法要・奉納演奏

ＯＳＡＫＡ打打打団天鼓

平和の祈りメッセージアート

黒田征太郎

◎実行委員長

金峯山寺管領　五條　順教

◎事務局長

金峯山寺執行長　田中　利典

◎実行委員

柳澤　真悟　西畑　良芳
若林　圓教　五條　良知
樋上　孝教　若林　盈順
山本　雄貴　五條　永教
小澤　慧月　川畑　妙仁
清水　隆泉　故文野　駿良
田中　岳良　岩岸　晃淳
岩岸　真成　吉田　喜代次
森口　時男　辻　仁美
安保　良善　柳澤　紫乃
松岩　縁興　竹田　照子
山村　寿美子　小西　啓子

◎奉賛行事プロデューサー

畑　豊廣

◎奉賛行事クリエイティブディレクター

山口　義房

◎奉賛行事アートディレクター

宮崎　利一

◎奉賛行事協力

久保　三根子　菊池　広志
明後　久美子　山中　雅志
福田　彩乃　宮崎　成子
宮崎　綾　明後　克典
山崎　宗広　くらら
上田　恭子　山谷　孝江
矢野　建彦

◎奉賛行事特別協力

正木　晃
坂本　観泰　里村　法正
大空　幸風　佐野　純子

山本　美那子
おともの行の皆様
◎開闢法要記念ビデオ
株式会社アドヴァンス
◎結願法要記念式典制作
株式会社大広
◎結願法要記念式典協力
近鉄ステーションサービス株式会社
◎結願法要記念式典記録ＤＶＤ
株式会社テレコープ

編集後記

ようやく「修験道大結集」の記録集が上梓の運びとなりました。本誌制作は私にとりましてもここ十年ちかいさまざまな活動の集大成であり、たいへん思い入れの大きい仕事となりました。

思えば、はじまりは役行者千三百年遠忌事業でした。遠忌事業は平成七年頃から本格的な準備が始まり、この御遠忌を機縁に聖護院・醍醐寺という本山派当山派修験の両山と、金峯山寺との三山合同による「修験三本山御遠忌合同事業」が成り、役行者特別展覧会や三本山合同大法要といった、かつてない共同と連帯の成果を生んで、平成十二年執行の千三百年忌は役行者ルネッサンスに相応しい一年となりました。そしてその潮流は聖地「吉野大峯」のユネスコ世界遺産登録活動に繋がり、平成十六年七月には「紀伊山地の霊場と参詣道」として正式に登録されたのです。まさに修験道が世界遺産になったわけであり、修験道ルネッサンスの到来を感じさせる、壮挙でありました。

その修験道ルネッサンスを具現化し、広く世に問う事業として執行したのが、本誌で記録した「ユネスコ憲章賛同事業・修験道大結集平和の祈りの大護摩供」であります。幸い全国各地の伝統修験教団の絶大な協力を得、二十二会・十八寺院による大護摩供の厳儀が世界遺産・金峯山寺蔵王堂宝前でくり広げられました。また結願法要では平和のメッセージに託して、修験者からの平和への祈りが世界に発信されたのです。

行き過ぎた物質文明社会は地球環境を危うくし、近代合理主義の破綻によって現代社会は混迷を極めつつある中、自然との共生と、近代以前の価値観によって継承されてきた修験道の役割は今こそ、大きな意味を持っています。今回の大結集事業によって、真の意味での「修験道ルネッサンス」が始まることを念じてやみません。

末尾ながら本編制作に当たり、「修験道が世界遺産になった」という趣旨そのものといえる玉稿転載を快諾いただいた梅原猛先生、及び修験道の大応援団を自認して憚らない正木晃先生、藤田庄市氏のお力添えに心より感謝申し上げます。また出仕いただいた正統なる現代修験の継承者たる各寺院教団のみなさま、行者のみなさま、そして当山の有能なスタッフをはじめさまざまなご支援をいただいた㈳日本ユネスコ協会連盟、ＮＨＫ、毎日新聞社、大阪市立美術館、金峯山寺世界遺産奉賛企業各位などなど、数え切れぬご芳情とご協力に厚く厚く御礼を申し上げます。併せて結願法要成満以来、何度も企画を練り直し、その都度ご苦労をおかけした白馬社西村孝文社長に深く感謝の意を表し、編集のご挨拶といたします。

二〇〇六年五月

田中　利典《りてん》

装　幀　松田　勤
写真提供　金峯山寺
藤田　庄市
毎日新聞社

修験道大結集

2006年6月30日　発行

監　修	金峯山寺
編　集	田中利典　金峯山寺教学部
発行者	西村孝文
発行所	株式会社白馬社
	〒612-8105　京都市伏見区東奉行町1－3
	電話075(611)7855　FAX075(603)6752
	URL　http://www.hakubasha.co.jp
	E-mail　info@hakubasha.co.jp
印刷所	モリモト印刷株式会社

ISBN4-938651-59-9 C0015